10 PERSPECTIVES ON INNOVATION IN EDUCATION

给教师的关于创新的10条建议

[美] 吉米·卡萨斯（Jimmy Casas）托德·威特克尔（Todd Whitaker）
杰弗里·佐尔（Jeffrey Zoul）编著

中国青年出版社
CHINA YOUTH PRESS

图书在版编目（CIP）数据

给教师的关于创新的10条建议/（美）吉米·卡萨斯，（美）托德·威特克尔，（美）杰弗里·佐尔编著；张庆彬译. —北京：中国青年出版社，2023.2

书名原文：10 Perspectives on Innovation in Education

ISBN 978-7-5153-6788-0

Ⅰ. ①给… Ⅱ. ①吉… ②托… ③杰… ④张… Ⅲ. ①师资培养－研究 Ⅳ. ①G451.2

中国版本图书馆 CIP 数据核字（2022）第229859号

10 Perspectives on Innovation in Education 1st edition/ by Jimmy Casas, Todd Whitaker, Jeffrey Zoul

ISBN: 9781138598836

给教师的关于创新的10条建议

编 著 者：［美］吉米·卡萨斯　托德·威特克尔　杰弗里·佐尔
译　　者：张庆彬
责任编辑：肖妩嫔
文字编辑：侯雯洁
美术编辑：佟雪莹
出　　版：中国青年出版社
发　　行：北京中青文文化传媒有限公司
电　　话：010-65511272 / 65516873
公司网址：www.cyb.com.cn
购书网址：zqwts.tmall.com
印　　刷：大厂回族自治县益利印刷有限公司
版　　次：2023年2月第1版
印　　次：2023年2月第1次印刷
开　　本：787 × 1092　1 / 16
字　　数：180千字
印　　张：12
京权图字：01-2020-5303
书　　号：ISBN 978-7-5153-6788-0
定　　价：49.90元

CONTENTS

目　录

特此说明

本书提供的所有网络地址与资源在本书出版时均是可访问并有效的。如果出现网址与资源变更或网站暂停访问的问题，本书作者与出版社为由此给读者带来的不便深感歉意，但不为上述出现的任何变化负有责任。

前　言

创作背景

2015年，杰弗里・佐尔、吉米・卡萨斯和托德・威特克尔决定组织一种新型的专业学习研讨会，以培训从课堂教师到教学主管，以及介于两者之间的任何角色的教育工作者。他们最终创建了“联结教育”，该组织致力于激励各地的教育工作者进行创新实验并保持紧密联系，以使他们成为卓越的专业教育工作者。首届“优秀教师的不同之处”（WGEDD）大会于2015年秋季在芝加哥地区举行。杰弗里、吉米和托德接触了许多他们认识的优秀教育家，并邀请他们在这两天的活动中分享他们的教育经验。这次开幕大会非常成功，因此他们接连举办了几场。从那时起，他们又在8个不同的州以及加拿大举办了二十几次。

每次会议都是由世界上一些最受认可和尊敬的教育工作者主持的，其中包括课堂教师、校长、主管、图书馆员、指导教练、作家、发起人、技术专家和其他教育领袖。“优秀教师的不同之处”大会着重于当今学校的教育工作者关注的焦点主题，并强调在会议期间和会议之后相互联系，以不断推进学习过程。大会的每个演讲者都在努力确保，通过参会来助力自己专业学习的人员，在走出会场时，不但对教育和自己的职业角色满腔热忱，也会掌握改善工作的实际策略。参会者与教育工作者交流，这些教育工作者会分享自己的热情、关注、兴趣、挑战、目标和承诺所在。在整个会议期间乃至活动结束后，参会者都将感受到演讲者无与伦比的专业精神和平易近人的态度。

“优秀教师的不同之处”大会代表了活动组织者的价值观和承诺，这体现在邀请卓有远见的演讲者，为演讲者和参会人员提供联系的机会，介绍实用的策略工具，以及持续推进重要对话。

为什么要记录“优秀教师的不同之处”

自2015年第一届“优秀教师的不同之处”大会至今，参会者好评如潮。每次会议结束时，我们与每个参会者握手，他们的第一反应就是：“这是我参加过的最好的会议。”在成功举办十多场大会之后，撰写一个系列丛书的构想诞生了，这一系列书由“优秀教师的不同之处”的演讲者执笔，内容基于大会主题。我们希望本书能体现出“优秀教师的不同之处”系列活动的精髓。

自成立以来，已有包括托德·威特克尔、杰弗里·佐尔和吉米·卡萨斯等60多名受人尊敬的教育家在至少一场“优秀教师的不同之处”活动中发表了讲话。

我们目前的想法是，每年记录至少10位教育家或作家的思想，而他们也都在“优秀教师的不同之处”的活动中发过言（截至本书出版，我们已经出版两册）。作者们每年至少给教育工作者们提出10条建议，聚焦于一个主题，帮助教育工作者继续学习，不断提升其专业水平。

“优秀教师的不同之处”其他主题的回顾：

2019年举办了一系列以“学习”为主题的系列活动，并在此基础上出版了《给教师的关于学习的10条建议》。在本书中，10位卓越的教育工作者分享了自己对学习的见解：

1. 托德·威特克尔提出作为领导者影响他人并产生更大的影响；

2. 杰弗里·佐尔提出要“摒弃”教学中的传统做法；

3. 吉米·卡萨斯提出不要逞强，要愿意向同事学习，愿意与同事一起学习；

4. 萨尼·贝尔提出利用情商，提高人际交往能力；

5. 杰西卡·卡宾提出平衡技术在生活中的作用，更有意识地接触技术；

6. 加内特·希尔曼提出先基于标准学习，再基于标准评分；

7. 凯拉·多恩菲尔德提出打造以学生为中心、灵活布置座位的学习环境；

8. 布莱恩·门德勒提出帮助最难搞定的孩子获得成功的不二法则；

9. 艾琳·克莱恩提出采用跨课程、设计思维的方法；

10. 德里克·麦考伊提出与同事和学生开展真正的合作。

本书导读：未来的教育要围绕创新

优秀的教育家从不停止增进对学生的了解，从不停止对教学技艺的精进。在本书中，十位富有启发性的教育界思想引领者齐聚一堂，为你带来他们的绝佳建议，帮助你运用创新理念打造未来学校，打造专业化的教师团队、打造创新型课堂教学。

在本书中，你将获得关于以下重要主题的全新见解：

1. 创新型学习空间的设计；

2. 让图书馆成为学习中心；

3. 积极学校文化的构建；

4. 点燃学生的“光芒”（S.H.I.N.E）；

5. 创新型教师的个性化专业学习；

6. 校园招聘工作的改善方法；

7. 教育技术变革的普及；

8. 用创新的方式提升个人技能；

9. 创新评估的方式；

10. 给学生打造创新型、个性化的课堂。

本书分享的10条建议及其实用策略和动人故事将激励你改变学生们的生活。

托马斯·C. 默里提出了第1条：他深入研究了为什么学习空间很重要，以及我们如何通过刻意设计师生教与学的空间，来使学生的学习能力最大化。托马斯研究了课堂学习环境的许多方面，并强调了研究成果的重要部分。他提醒说，我们必须继续专注于我们为什么要改造学习空间，而且仅仅将新的教室用具和色彩鲜艳的豆袋座椅放在一个空间内，并不能改善学生的学习成果。师生对学习空间动态而又创新的使用，可以最大程度地影响学习。转变教学方法，专注于个性化的真实性学习机会，利用灵活多变的空间，来最大限度地发挥可能性，这最终才能发挥作用。

香农·麦克林托克·米勒提出了第2条：她介绍了学校图书馆如何真

正成为学校社区的学习中心。尽管每个人都可以发挥作用，将我们的图书馆转变为创新和协作的场所，但这种转变必须先从学校图书馆馆员本人开始。香农提出了5种方法，让馆员可以成为学校社区内真正的创新拥护者和创新引领者，她还提供了许多实用的策略来实现这一目标。

托德·威特克尔提出了第3条：他带我们了解了美国的学校、地区和课堂的文化。他坚持认为，学校文化对我们所做的每一件事都有着不可思议的强大影响，确定如何不断推动其朝积极的方向发展至关重要。这些都是事实。我们对此作何反应，取决于我们自己。尽管他认为在这里分享的想法不一定看起来那么创新，但使它们具有创新性的原因是，我们知道应该这样做，许多学校却不知道并未付诸实践。因此，我们真正做这些事情来影响学校、地区和课堂的文化时，就是在通过尝试一些全新的和与众不同的东西进行创新。

拉沃娜·罗斯提出了第4条：她分享了她对于学校的愿景：点燃“光芒”认可学生的优点和激情，将它们化作学习的驱动力；每天都建立起学生的信心；学生们在毕业前拥有职业体验机会，接触到各种可能性；在学校里，进行实验和创新是常态。她向我们所有人提出建议：做出重大改变，以更好地为每所学校的每位学生提供服务。

杰弗里·佐尔提出了第5条：他研究了美国学校的专业学习惯例，然后阐明了重新考虑我们如何帮助同事不断成长和改进的理由。他为创新型教师的专业学习实践提供了一个框架，称之为“6C思维框架”：选择（Choice）、联系（Connection）、情境（Context）、辅导（Coaching）、求知（Curiosity）与文化（Culture）。他解释了以上每一项在为教育工作者设计和提供专业学习机会方面的重要性。此外，他还分享和解释了10个关于创新性专业学习理念的具体方案，这些方案任何学校或地区都可以轻松借鉴，以作为教职工个性化学习的一种方式。

吉米·卡萨斯提出了第6条：他建议，在选择、招募、指导和雇用新员工方面，我们不能维持现状。他提供了12个措施来改善我们的招聘工作，包括从面试到背景调查，再到向新的应聘者发录取通知。雇用新员工只是那些已经在学校或学区工作的员工的最重要职责之一。我们必须留意我们的招聘流程和做法。正如吉米所说，学校在整个招聘过程中投入的资金越多，获得正投资回报和为学校社区而赢的可能性就越大。

卡特里娜·基恩提出了第7条：她分享了自己作为一名创新型教育工作者的生活，以及她尝试创新教学并不总是受到同事或管理人员欢迎的故事。但是，最重要的人（她的学生）都接受她的做法。因此，她继续专注于创新她所担任的每个角色，并与他人合作，帮助他们在自己的学校或课堂中进行创新。不过，她允许每个人自由自主地按照对自己最有效的方式学习和成长。教育是一个过程，在整个过程中会不断涌现出创意。卡特里娜分享了一系列有关变革的思想和理论，同时建议管理者和其他教育工作者，对较慢接受新思想、采取新实践和采用新技术的人们保持耐心。

德怀特·卡特提出了第8条：他不仅研究了培养教师“专业”技能的重要性，还研究了培养教师“个人”技能的重要性。他解释了为什么这对于每个课堂和学校的成功如此重要。他分享了自己及周围人在培养个人技能时所经历的挫折和成功。德怀特使用“变得优秀”（“GREAT”）首字母缩写作为关注个人技能培养的框架，建议我们应该感恩、联系、热情、真实和善学。然而，“Be GREAT”不仅仅是个简单易记的口号。它是一种一心服务他人的方法，以一种积极的方式影响他们的生活。

斯塔尔·萨克斯坦提出了第9条：她有充分的理由让学生更积极地参与到他们自己的学习中，她提供了许多实用而具体的方法。她详细描述了如何建立以学生为中心的学习环境，在课程中嵌入明晰的标准，建立学生参与设计的学习体验，与学生共同确定成功的标准，让学生自己掌控学习，为其提供有效的反馈，并促进其形成反思文化。

柯克·汉弗莱斯提出了第10条：他对传统课堂（包括多年以来他自己的数学课堂的形式）进行了诚恳的介绍，包括他们为什么不能为所有学生服务，以及我们要如何才能做得更好。很多时候，当提到数学课时，我们会想到这样的场景：教室里坐满了学生，他们面向前方，听教师讲解当天的课程。如果时间允许，教师会让学生做布置的练习。任何在下课前没有完成的练习都会成为家庭作业。学生们在家做那些和教师上课时讲的差不多的题目。有时学生们在家做作业十分吃力，要么完不成，要么向朋友或家人寻求答案。通常学生要等到第二天上课，才能对作业中不理解的问题提问。这种模式在整个学年中不断重复。数学成了许多学生的难题。柯克分享了他的实用思想和策略，以改变学生在数学课堂上的学习方式，从而让学生真正拥有学习的自主权。

我们希望你喜欢本册书，也希您继续阅读关于其他主题建议的书。虽然我们这么说有失偏颇，但我们确实认为，教育是我们所能想象到的最重要的事业。作为教育工作者，我们所做的事情很重要，每天做这些事情也很重要。了解了更好的方法，我们便无法安于工作现状。了解了更好的方法，我们也必须做得更好。我们始终要做得更好。不仅如此，我们还必须在教室、学校和地区做出新鲜的、更好的尝试，这正是我们所倡导的创新方式。

感谢你阅读这本书、分享你的想法，并作为教育工作者持续不断地学习下去。

PART ONE

第一部分

运用创新理念
打造未来学校

第1条

打造创新型学习空间

托马斯 · C. 默里

期望现代学习者在一种“一刀切、坐享其成、以教师为中心”的环境中最大限度地发挥潜力，培养未来劳动力所需的技能，这纯粹是教育上的弊端。尽管我们了解学生的学习方式，掌握了所有触手可及的社会联系资源，尽管全美各地的学校都在以创新的方式改变学习体验，但是如果我们的实践不能与学生的需求保持一致，这对于当今学习者来说是在帮倒忙。

在过去的几年里，“重新设计学习空间”的概念已经成为教育界的一个时髦词汇和普遍关注点。在任意社交媒体平台上随便搜索一下，你就会发现那些关于华丽的“教室设计”“灵活的座位”和星巴克的对比图片比比皆是。一些学校发现自己在购置新的教室设备上已投资数万美元，而对于大多数学校而言，投资购买昂贵的桌椅等有形物品是不可能的，甚至永远都不可行。然而，教育工作者无疑是星球上最有创造力、最有思想、最有活力的创新者。那些预算非常有限的学校，辅之以有意识为学生学习设计的美好愿景，正在寻找方法用心地为当今学习者设计其所需的空间。

打造创新型学习空间并非从购买时尚家具开始，而是始于那些觉得自己有幸每天为学生服务的人的心态和意识。那么，如何为现代学习者打造创新型学习空间呢？

重新设计要从“为什么”开始

> 你知道为什么做一件事，这件事就会带来更大的影响，因为你正朝着目标前进。
>
> ——Jr. 迈克尔

要想设计创新型学习空间，我们必须始终专注于我们的目的。在社交媒体大肆宣扬最新潮流的时代，空间设计能与Pinterest上最新的趣味板块同步是很诱人的。但如果我们不够小心，被最新的潮流趋势困住也可能是对宝贵资源的巨大浪费。著名作家兼演讲者西蒙·斯涅克（Simon Sinek）强调，每个组织和组织中的个人如何在三个层面上运作：我们**做什么**、我们**怎么做**，以及我们**为什么**这么做。无论是销售产品时、在最新的教育科技公司里，还是在当地的小学中，斯涅克的案例都表明，每个人都知道自己在做什么，有些人知道自己是怎么做的，但很少有人能够清楚地阐明自己为什么要这么做。只有那些能够理解并清楚地说出**为什么**做的人，才能傲立群雄。

斯涅克的“黄金圈”由三个类似靶心的同心圆组成，将“**做什么**”放在外环，将“**怎么做**”放在中环，将“**为什么**”放在中间（见图1.1）。他分享了“黄金圈”内部的两个部分（“**为什么**”和“**怎么做**”）是如何与人脑的中间部分和边缘系统（该系统负责人的所有决策和行为，以及信任之类的感觉）相对应的。斯涅克认为，正是大脑的这一部分经常给人们“直觉”，帮助人们理解自己的目的。因此，我们必须在做决策时充分利用大脑的这一部分为学习者重新设计空间。

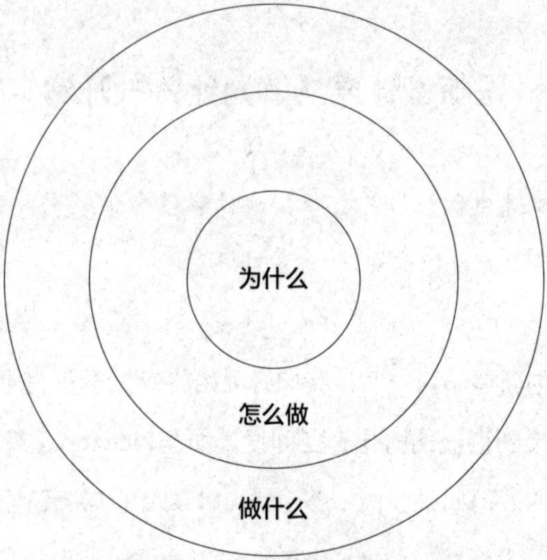

图1.1 “黄金圈”法则

那么，为什么我们要设计不同于我们的学生时代的学习空间呢？为什么我们要把宝贵的时间和精力投入到像设计这类的事情上，明明我们还有很多其他工作要做呢？在一个主动性超负荷（initiative overload）的时代，在我的学校，为什么我还要进行学习空间设计？

上述常见问题中使用的“我们”、“我们的”和“我的”显示出问题本身的内在思维和优先次序。在我们做的所有事情中，务必记住，我们在学校做的工作不是为了我们自己。一切都是关于他们的，关于我们所服务的学生，那么，当今的现代学习者需要什么呢？

继续专注于为什么（我们的目标）时，我们必须了解当今学生的需求，即他们需要有动态的、真实的学习机会，参与高水平的任务，有可以设计和创造的空间、有玩耍和社交的空间，甚至还有安静反思的空间。我们在本章的剩余部分讨论怎么做和做什么时，会将这些观点进行分类表述。无论是宣传学校信息、改变教育范式，还是重新设计学习空间，我们始终要将注意力集中在为什么转变上，这对于成功和长期可持续性至关重要。改变绝非易事，但为了我们的学生永远值得。

打破固定空间，让学生读懂设计语言

观察力是一种你能看见他人无法看见的事物的艺术。

——乔纳森·斯威夫特（Jonathan Swift）

回想起我早期的教学生涯，我记得每年夏天我都会花无数小时为自己设计学习空间。桌子整齐地排成排，每排都面向前方的黑板，前面有很大的空间供我“讲课”。这样的设计表明，这个教室显然已经为我成为“讲坛上的圣人”做足了准备。在安静力量的衬托下，它大声疾呼，宣告我是来传播信息的，我将把信息传递给在座的学生，他们就像孤岛一样。在那时，我完全没有意识到设计对学生的学习方式影响深远。然而几十年后，随着学习科学的发展和我个人理解的加深，设计这件事是值得注意的。

如果学生在开学第一天之前就进入我的教室，自己观察这个空间，他们会内化我的教学和学习理念吗？他们将如何解读这种“设计语言”？这个空间看起来更多地是关于我的，还是更多地关于他们的？他们会怎么看待我个人关于教学和学习的理念，仅仅是在这个空间里有所体现？当我回想起那段时间，我怀疑他们会相信，那个空间表明我在那里只是为了提供内容，而他们在那里只是为了吸收内容。

要了解如何设计以学习者为中心的空间，我们需要了解哪些证据表明对大脑的影响最大。专注于原因并了解大脑的工作原理，将有助于我们设计创新型学习空间，那正是现代学习者所需的蓬勃发展的地方。认知心理学家，通常被称为“脑科学家”，他们通过研究大脑的工作方式来探索人们的心理过程。探索一个人是如何思考、记忆和最终学习的。神经科学领域的进步为教育工作者提供了对学习科学的洞察力，诸如设计如何激发学习背后的科学。

学习科学的发展明显表明了教与学对“流动”和“灵活”空间的需求，而传统上教室空间主要是“固定的”。**固定空间**是指日复一日、一堂课又一堂课却保持不变的学习空间设计。除了几次90度的移动外，学生的课桌主要保持在原来的位置，而教师的讲桌似乎固定在地板上。在这些地方，学生的学习通常是先听后做。在许多情况下，“做”是有限的，基于反刍的方法论占据主导地位。在这些以教师为中心的环境中，无论期待何种学习体验，空间设计几乎保持不变，因为单向空间保持固定，而内容和期望的学习结果发生变化。

在流动和灵活的空间中，随着期望的学习结果发生变化，学习发生的空间也会发生变化。在这些空间中，设计是由每个人的学习视角和经验驱动的（见表1.1）。

> 重新设计学习空间就是要了解设计将如何影响大脑和学习；不是为了让Pinterest变得漂亮。

思考一个重要问题：

你的学习空间是否与你期望的教学法相符？

如果我们要设计创新的、以学习者为中心的空间，那么了解设计如何影响学习的证据至关重要。重新设计学习空间就是要了解设计将如何影响大脑和学习；不是为了让Pinterest变得漂亮。那么，影响学生对环境反应的因素有哪些呢?

表1.1 固定空间与流动和灵活空间的比较

驱动因素	固定空间 学习结果改变，但设计保持不变	流动和灵活空间 设计受学习体验的驱动
通用教学法	-站着讲课 -消耗型 -以教师为中心	-合作型、基于任务、基于激情或基于探究的学习 -以学习者为中心
证据	-教学主要在一个大区域内进行 -学习往往是被动的 -极少的座位选择 -难以移动的重设备 -大部分时间学生都是听课或独立学习 -大多数评估都是标准化的 - 教师主导大部分对话	-在整个空间的各区域进行教学 -学习往往是主动的 -多种座位选择 -容易移动的轻便设备 -学生大部分时间都在进行讨论或合作 -评估通常是亲身实践和真实的 -学生土导大部分对话

设计如何影响学生的大脑

在一项关于学习空间设计影响的著名研究中，巴雷特和同事走访了27所学校的153间教室，覆盖了农村、郊区和城市地区。该研究分析了学习空间设计的三个维度：1）自然条件（光、空气质量和温度）；2）个性化（灵活性和学生拥有权）；3）刺激（适当程度）。如果我们要设计以学习者为中心的创新空间，那么了解各个维度对设计的影响是重要的，这样研究就可以指导我们的实践。

自然条件（光、空气质量和温度）

在努力创造最佳学习条件时，“自然条件”设计参数的概念，比如像光、空气质量和温度都非常重要。在许多学校，教师对这些方面控制得很少，可能仅限于控制连接在较大区域中的大型日光灯的开关，无法控制温度，而且只有少量的窗口可以为空间提供新鲜空气。然而，在另一些教室里，教师可以使用各种类别的光，包括最大程度地利用自然光，可以使用适当的暖通空调并进行局部温度控制。不管教师们身处何处，重要的是他们必须要了解大脑如何对周围环境做出反应的背后的研究，以便他们可以最大限度地利用现有空间。

光

走进光线充足的房间，你会有什么感觉？这与你一天中大部分时间都待在室内、很少接触到自然光的感觉形成了对比。已有证据表明自然光线对大脑的影响，而且不仅仅是对视力的辅助。简而言之，进入教室的自然光越多越好——有一个例外：如果自然光变成眩光，就会产生负面影响。

实用技巧

- 尽量减少或避免在窗户上摆放东西，以最大化自然采光。
- 避免将大件物品放在遮挡自然光的地方。
- 仅使用百叶窗以减少眩光，否则请让窗帘保持拉开状态。
- 利用植物和接近自然的色调，采用“由外向内”的方式进行设计。
- 尽量减少日光灯，使用灯具创造暖光，尤其是在诸如阅读角之类的小组区域。

- 利用室外空间以最大化自然条件。

空气质量

空气质量差是当今学校普遍存在的问题，尤其是在老旧学校里。教师觉得自己对教室空气质量的控制能力微乎其微，这是可以理解的。但有证据表明，空气质量对健康、出勤率和最终学习成果都有影响。因此，教师应该认识到它的重要性，并努力利用任何可能提供的支持以实现对其控制的最大化。

实用技巧

- 尽量打开窗户，让外面的空气进来。
- 避免阻挡敞开的窗户空间。
- 打开教室门，为空气流动提供通道。
- 在空气流通不足的空间，请使用风扇保持空气在整个空间流动。
- 避免使用气味浓郁的空气清新剂。

温度

温度对学习的影响的相关研究已经进行了几十年。简单来说，学生（和教师）在较低的温度下工作更有效率和效果。当教室里的温度和湿度上升时，学生和教师都会受到影响——注意力持续时间缩短，任务表现下降。

实用技巧

- 如果局部控温可行，请保持较低温度。
- 如果局部控温不可行，请让教室内空气流动最大化。
- 鼓励学生多穿几层衣服，帮助他们掌控自己的舒适度。
- 执行常识性的着装规范。

此外，在设计空间时，还应考虑“自然条件”的其他因素，如声音和与自然的联系，这两者都是研究中显而易见的次要因素。因此，在打造创新型学习空间的过程中，新空间越接近自然的各个方面，就越能激发学生的感官，其大脑的反应就会越好。

个性化（灵活性和学生拥有权）

回顾第一套教育课程，大多数教育家都研究过马斯洛的需求层次理论，这是20世纪40年代的一种直观描述，描绘出5种不同的人类需求（见图1.2）。从诸如食物和住所等基本生理需求开始，其次是安全，然后是爱/归属感，自尊，最后是自我实现的最高级别，这一层次结构直观地描述了一系列让人达到最佳状态的需求等级。金字塔的4个基本层次包含了马斯洛所说的“匮乏需求”，意思是如果一个人的这些需求（生理、安全、爱/归属感、自尊）未能满足，他就会焦虑，无法专注于次要的、高层次的需求。

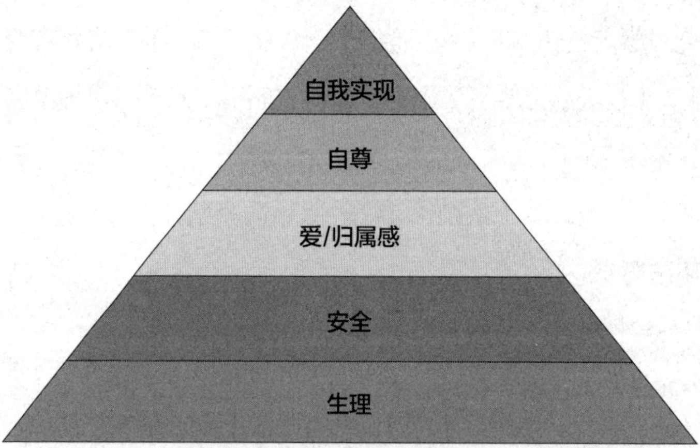

图1.2　马斯洛需求层次理论

当我们将心理学这一普遍接受的概念转移到学习空间的设计时，研究中的个性化概念就变得显而易懂。学生们越觉得自己属于这个空间，他们的大脑就越能为更高层次的学习做好准备。因此，创新的学习空间设计不仅仅涉及教室的物理布局，还涉及要理解设计如何影响大脑。由于该领域涉及个性化，灵活性和学生拥有权是关键。

灵活性

设计以学习者为中心的空间的一个重要方面是要能及时、无缝地适应环境，从而满足预期的教学法。由于"灵活的课堂设备"已成为近年来的热门话题，因此要重点关注其势在必行的原因。创造灵活的空间关乎学生的能动性和选择，而不仅仅是拥有具备视觉吸引力的用具。研究发现，设置灵活的"分组讨论空间"或小组教学区域对学习有积极影响，在给定空间内学习比在主教室外学习有更明显的积极影响。因此，在打造创新型学习空间时，应使用"区域"的概念。

实用技巧

- 在你的教学空间内为不同类型的体验创建"学习区域"。
- 年龄越小的学生，对明确定义的区域（地毯区、阅读角等）的需求越大。
- 创造性地使用存储空间，并最大限度地利用整个教学楼的闲置存储空间。
- 向学生征求建设性的反馈。

学生拥有权

为了学习，学生需要有一种归属感，而空间的个性化可以体现一个人的身份和自我价值的重要方面。当学生对空间有主人翁意识，从而拥有归属感时，他们就会在学业上取得更高的成就。个性化空间，在教室中为学生提供"自己的"空间，突出和赞美学生的作品，将学生视为个体，认为所有学生都有自己的天赋和能力，这些都是设计创新空间不可或缺的方面。

实用技巧

- ◆ 确保教室和学校所有空间的图像和手工艺品体现文化多样性。
- ◆ 在课堂上以各种方式突出学生并把他们视为个体。
- ◆ 赞美学生的作品，包括艺术作品。
- ◆ 允许学生在合适的地方进行个性化的手工创作（书桌储物柜、带名字的抽屉、衣帽间等）。
- ◆ 确保空间是“中性的”，这样男女学生都会在这种环境中感到舒适。
- ◆ 建立催化社交的区域，鼓励学生建立关系。
- ◆ 向异性和拥有不同文化背景的人寻求建设性的反馈。

实用的个性化方案

为了更好地去理解研究中个性化的实际影响，请设想以下虚构的但非常现实的情景：

佩斯利是一名3年级学生，在她学生生涯初期遇见第一位男教师。他的教室以体育主题“装饰”，很有男子气概。佩斯利不喜欢运动，喜欢艺术和音乐之类的活动。她最喜欢的颜色是粉红色。

卡登是一名幼儿园学生，他即将有一位新教师，她是一位喜欢粉色、紫色和圆点花纹的1年级女教师。因此，她的教室里充满这些颜色和图案。卡登说他“不喜欢女孩的东西”，更喜欢“男孩的东西”，比如卡车和运动。他最喜欢的颜色是蓝色和红色。

在父亲升职后，科勒切搬到了另一个州的郊区学区。他在一所学校上8年级，那里的大多数学生都是来自不同文化背景的白人，而他是尼日利亚裔，是虔诚的穆斯林。在12月和1月期间，新教室里到处都是圣诞装饰品。班主任说这是她“最喜欢的节日”。在本学年的后期，没有人提到开斋节，而这是标志伊斯兰教斋月结束的重要节日。在过去的一学年里，他的信仰没有得到尊重，老师也没有像给他的同学庆祝圣诞节一样庆祝他的节日。

虽然这些情景是虚构的，但这些情景或类似情景经常在世界各地的教室中出现。在设计学习空间时，了解简短或微妙信息所带来的影响是至关重要的，无论是有意的还是无意的，包括我们的个人偏见，它们都可以向异性、其他种族，以及与我们有宗教或者文化差异的学生传递信息。想到自己会被基于种族或性别来评价，这会增加这些学生对其群体的负面刻板印象的恐惧，并可能影响学生的归属感，最终影响他们的成就。

刺激（视觉复杂性和颜色）

作为校长，我在教室里度过了很多时间。我还清楚地记得，走进那些小学低年级的教室时，我不得不从天花板上垂下的所有悬挂物中间移动穿行。环顾一些教室，每一寸墙壁都被利用起来，上面贴满海报或学生当年完成的作品。我曾认为这是舒适而诱人的空间，部分原因在于我校教师都很棒。然而，当时我对这类空间对大脑的影响还很无知，没有意识到视觉的复杂性会过度刺激学生，分散学习的注意力。

视觉复杂性

总体而言，在“视觉噪音”为常态的空间中，学生比在视觉噪音最小的环境中更易频繁、长时间地不专心学习。反之亦然。然而，极低的刺激水平也会产生较差的学习条件。因此，这需要一种平衡。

实用技巧

- ◆ 专注于对学习有益的手工艺作品，而不是装饰品。
- ◆ 墙壁展示应该是精心设计的，而不是混乱或过时的。
- ◆ 清除混乱：如果不用于教学，那就没什么用。
- ◆ 设计要有条理，而不是杂乱无章。
- ◆ 避免将展品放在遮挡阳光的地方。

颜色

人们已经详细地研究了颜色对大脑的影响，无论走到哪里，我们都能体会到这一影响。举一个常见的例子，这种“有目的的意图”在大公司的市场营销中频繁出现。为什么有些公司为他们的品牌选择某种颜色，而另一些公司则选择完全不同的颜色？花点时间思考一下表1.2中给出的例子。

表1.2　公司品牌标志的颜色选用与背后意图

颜色	有目的的意图	公司标志
黑色	权威、权力、力量、智慧	苹果公司、古驰、《纽约时报》、索尼
蓝色	冷静、可靠、诚实、安全、专注	Facebook、美国通用电气公司、福特、美国运通
红色	热情、行动、爱、活力、大胆	可口可乐、Pinterest、迪士尼、红牛、塔吉特（Target）
橙色	快乐、友好、活力、舒适	尼克国际儿童频道、家得宝、耐克、唐恩都乐
绿色	天然、新鲜、有机、大地、健康	星巴克、全食超市、赛百味、美国迪尔公司
拼色	积极、好玩、大胆、无限	微软、谷歌、eBay、美国全国广播公司、Instagram

在分析公司品牌和颜色使用背后的心理时，你认为表1.2中列出的公司选择了他们所使用的颜色的原因是什么？这些公司试图通过视觉来传达他们品牌的什么信息？什么样的公司会希望被人们认为是大胆和创新的，而又有哪些公司会希望自己被认为是冷静和值得信赖的？为什么一家公司会使用暖色而不是冷色？我们所知道的是，这些公司非常注重它们的视觉信息，因为如今最大的公司每年在广告和营销上花费数十亿美元。正如大公司有意使用颜色一样，教育工作者也应该意识到他们的颜色选择会对学生的情绪和感知产生影响。

实用技巧

- 在教学空间中使用让人平静的颜色，但也要搭配明亮的颜色（例如，桌椅等）。
- 避免创造类似无菌医院那样白色的空间。
- 在走廊、楼梯等空间使用亮色。
- 在颜色选择和设计上保持“性别中立”。

优化设计的关键要素：性别、文化、视觉元素等

那么，从关于这些方面的影响最全面的研究之一得出了什么结论呢？在巴雷特（Barrett）等人对空间的研究中，他们发现优化这些物理特征，会让数学、阅读和写作的成绩提高16%。在学业改进中，教室的个性化，包括灵活性和学生拥有权的概念，占了改进的25%。需要注意的是，这些方面的效果并不相同。表1.3总结出研究中得出的影响分布情况。

思考一个重要问题：

学习空间设计的研究将如何影响你的实践？

表1.3 设计因素与学业改进情况

设计因素		学业改进（%）
自然条件	光	21
	空气质量	16
	温度	12
个性化	灵活性	17
	学生拥有权	11
刺激	视觉复杂性	12
	颜色	11

资料来源：选自巴雷特等人在2015年发表的《智能教室：HEAD项目总结报告（全方位证据及设计）》[*Clever Classrooms:Summary Report of The HEAD Project (Holistic Evidence and Design)*]

基于我们自己的日常经验，很难否认环境会对我们的情绪、舒适度、情感和参与手头任务的意愿产生影响。在整个设计和变更过程中保持"常识心态"也很重要。作为一名教师和校长，我曾在一栋有50年历史的建筑里工作，那里没有空调，几乎没有新鲜空气，周围是会散热的柏油路。这就是我们的现实。然而，在服务我们的学生时，我们必须把注意力集中在我们能做到的事情上，而不是纠结于我们不能控制的事情上。理解性别和文化敏感性的重要性，明白避免视觉干扰的优点，把握在创造学习区域时出现的机会，在设计过程中听取学生的意见，这些都是不用考虑现有课堂设备、预算、空间的年龄也可以做出改变的几种方法。一些小的改变就能让世界大不相同，很多时候我们要克服自己的心态，它可能是我们最大的障碍。我们的孩子需要看到而且应该学到一种"我能行"的心态。

让学生参与空间的创造、设计、修缮

学习空间无声地述说着一所学校的故事。

——罗伯特·狄龙博士（Dr. Robert Dillon）

当我们努力创建以学生为中心的课堂，并关注“为什么”时，避免时髦的观点非常重要，除非它们有真凭实据，并受到学生的青睐。学习空间的设计是为了给当今的学习者在学术上蓬勃发展创造绝佳条件。

为学生设计主动学习的空间

你的学生最常参与的学习体验是什么？主要是被动吸收式学习吗？教师站着讲授，学生反刍内容，以此来证明他们理解了？还是更加主动的学习体验，学生参与动手实践、深入交流，一起创造和设计？当今的现代学习者需要的是后者，一种个性化的、真切的、意义深刻的学习。观察下面佛罗里达州弗拉格勒县各校为学生重新设计的主动学习的教室空间，如图1.3所示。你注意到了什么？你认为这样设计学习空间的原因是什么？

> 学习空间的设计是为了给当今的学习者在学术上蓬勃发展创造最佳条件。

请你设想一下，这里会发生什么样的学习体验？你认为学生们会怎样看待这样的空间？考虑以下几点：

- 该学习空间以学生为中心；不同的区域可以开展不同类型的对话和合作。
- 灵活性既可以让学生一起学习，又可以分散开来，自主学习。
- 有各种各样的座位选择：可移动椅子组成一个小组，学生可以坐

图1.3　主动学习的空间

资料来源：佛罗里达州，弗拉格勒县学校，约瑟夫·迪普马（Joseph Dipuma）摄

在上面安静地自主学习，也可以移动椅子结成小组同他人一起学习，椅子坐起来很舒适。

- 教室的设计让学生而不是老师坐在前面。
- 课堂用具有意设计成流动的和灵活的。从上个活动切换到下个活动，用最少时间和精力重新规划区域，可以由学生完成。
- 灵活和可操作的书写桌面供学生随时使用。
- 几乎没有杂乱的东西，将视觉干扰降至最低。

为学生设计主动学习体验的空间时，关键是要让物品易于移动。这便于灵活快速地从小组合作切换到自主学习，再切换回小组合作。虽然在现实中，一些已有课堂用具的地方无法实现这样的设计，但像弗拉格勒县这样的学区，给桌椅安装了低成本的轮子，也让空间流动起来，这种做法使得空间为期望的学习成果所驱动，而不是为过时的用具所限。

设计灵活的、可负担的学习空间

灵活的空间是复杂的、有生命的、不断变化的系统。放在一起看，每个用心设计的学习空间几乎都各不相同。走进其中一个空间，你会经常看到学生从一个空间移动到下一个空间，创建一个与上一个活动不同的学习区域，通过调整灯光，或重新安排周围的东西的方式，以适应他们的个人喜好和需求。这种创新的、以学习者为中心的空间赋予了学生自主权与掌控感，从而改变了他们的主人翁意识。这从根本上改变了学习范式。

灵活性上的成功反映了教学法的改变。如果“站着讲授”的方法仍然是最为主要的，那么花钱购置新的灵活的课堂用具就毫无意义。然而，灵活的空间可以让学生学习体验的基本动态发生改变，并最终让学生在学习中发挥更大的能动性，令其更加积极地参与更高层次任务，并消除过去几十年传统的“面朝前坐着”的做法。

如果有资金支持，打造创新型学习空间会容易得多。然而现实是很多甚至是大多数地区没有足够的预算来置办新设备，更不用说大规模购买了。因此，在重新设计空间时，可负担性和可持续性始终是讨论的重点。正如之前在本章中所分享的，当我们改变心态并了解到对视觉信息、杂乱物品等所做的研究时，即使预算很少或者没有，我们也可以做许多事情。教育工作者是这个星球上最具创造力的问题解决者之一，许多人持续地想出节省成本的点子，从而为孩子们创造动态的空间。这些点子有哪些呢？

利用学生的才能：与初高中的职业或技术教育项目合作，以最低的成本让学生参与到建设中来。

建立共同体关系：联系当地大卖场，比如家得宝，结交经理，向他们说明你的教室或学校的需要，并请他们在有清仓特价商品、原先的展示样品或有轻微损坏的、卖场不再使用的物品时第一时间通知你。

发布请求：每天社交媒体上都有教师展示他们收到的捐款、获得的资助拨款，或得到的来自当地社区的支持。尽最大努力为学生的需求发出提倡，看看会发生什么。

改造现有的课堂用具：像佛罗里达州弗拉格勒县这样的学区正改造旧桌子，使其可以在桌面上写写画画；用可移动的桌腿取代标准桌腿，并用重新粉刷的方式对已有用具稍加修改，让旧物焕然一新。

在网上寻找“改造教室的诀窍”：在线搜索“iPad扩容诀窍”或“教室扩容诀窍”，寻找已经付诸实践，且创建或执行起来成本很低的创新想法。

小空间也能发挥大作用：考虑创建小型的、合作型的创新区域，特别是在那些经常被忽视或未得到充分利用的非传统区域。那些地方经常被叫做“水源”“营火”或“洞穴”，这些小小空间也可以产生大影响。[①]

创造、设计和修缮学习空间

如果你建造了它，他们就会前来；如果你让他们建造

① “水源”“营火”和“洞穴”这些术语被用来描述如何为不同的教学活动设置空间领域，分别是对话场所，讲故事的地方和反思区域。详情可参考托马斯 · C. 默里的《真实性学习：如何设计体验式、情境式、主动式的学习课堂》和戴维 · 所恩博格的《学习场景的革命》。——编者注

它，他们就会学习。

——劳拉·弗莱明（Laura Fleming）

启发思考，激发好奇心，赋予学生设计、创造和修缮的能力，这些都是满足现代学习者需求的重要组成部分。从教室角落里小小的个人空间，到图书馆的一块区域，再到一个完整的房间，赋予学生这样的机会不仅仅是新潮流；这是一种基于研究的方法，旨在改变一个学校社区的学习文化。

在对K-12教育创客空间的首次深入研究中，金英茂（Youngmoo Kim）与同事在2018年揭示了对文化层面（学生兴趣、现实世界的相关性和社区合作）的改造对学习赋能的重要性。该研究强调了创客空间如何能够促进一系列积极的学生学习成果。该报告还强调了一些在STEM（科学、技术、工程和数学）领域常见且长期存在的、与性别、种族和社会经济地位相关的平等问题。

该报告完成后，德雷塞尔大学的富有表现力和创造力的互动技术中心（ExCITe：Expressive and Creative Interaction Technology）提出了以下建议：

- 创客空间的文化直接影响学生的学习。比起选择设备或特定的项目，设计新创客空间的设计师应该首先考虑他们要为学生创造何种学习文化。
- 参与创客空间可以对包括英语学习者在内的广大学生产生积极的影响。但是，校领导必须在招聘教师与招收学生时注重兼容并包。
- 在学校创客空间中，规定非结构化的开放时间（课堂以外的时间），鼓励广大学生进行更加积极大胆的探索、冒险和合作。

◆ 学生们经常使用在创客空间中学到的技能来改善学校和当地社区的其他方面，如学生自治活动、教室维护和体育设施。

正如报告中强调的那样，女性、有色人种学生，或班级里那些成绩并非优异的学生，历来缺少这种高级学习体验。通常，这些机会被留给那些被贴上“天赋异禀”标签的人，那些名字挂在光荣榜上的人，或者那些以前在其他领域表现出色的人。这种歧视性的结构造成了很大的不公平，剥夺了本可以从这些学习体验中获益最多的学生群体获益的机会。因此，在这种类型的学习体验可供选择时，教育工作者应当积极招收多元类型的学生，这是至关重要的。在理想情况下，教育工作者还应当找到确保机会平等的方法。在用心设计这些类型的学习体验时，确保公平意味着机会是对所有学生开放的。

思考一个重要问题：

你如何确保为所教学生提供公平的机会？

创造一个功能性与公平性兼具的空间，激发学生们的动手能力和创造力，并不意味着把乐高积木扔给他们，然后希望他们能学到什么。高效的创客空间是精心设计出来的，可以为更高层次的思考、反思、创造、探究、演绎推理和设计技能提供助力。弗拉格勒县的学校就有这样的创客空间（见图1.4）。在那里，学校领导想要创造一个空间，为学生提供必要的弹性和自由，让他们以合作的方式，一步一步地追随自己的兴趣与激情。领导们认为，为了成功激励学生以一种创造性的、富

> 创造一个功能性与公平性兼具的空间，激发学生们的动手能力和创造力，并不意味着把乐高积木扔给他们，然后希望他们能学到什么。

有成效的方式实现他们最深的抱负，需要将学习个性化。他们明白，要做到这一点，需要有与期望的学习结果相适应的个性化学习环境，并最终将体验带到生活当中去。

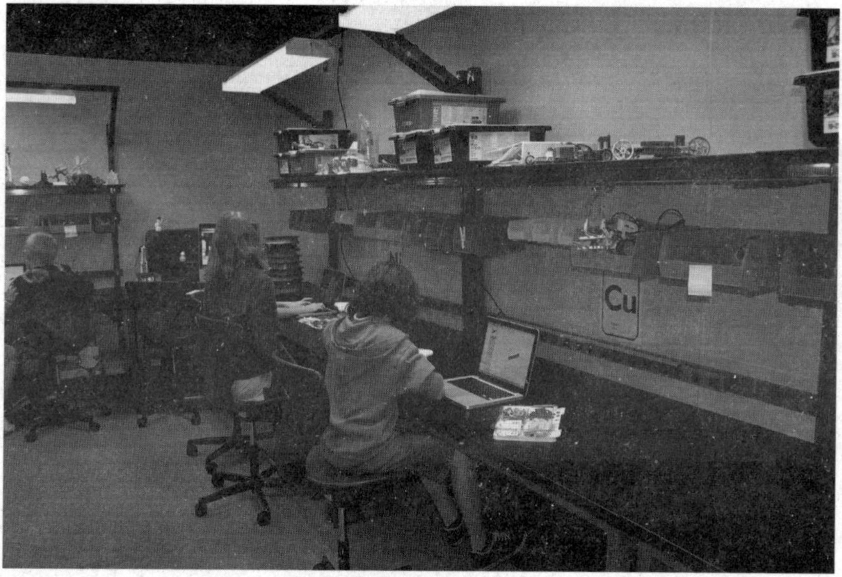

图1.4 创客空间

资料来源：佛罗里达州，弗拉格勒县学校，约瑟夫·迪普马摄

当名为“NEST”（The Nexus of Engineering, Science, and Technology）的“工程、科学与技术联体”项目创立时，学生学习的这一愿景就实现了。NEST的目标是建立一个基本的、结构化的和虚拟工程的存在，利用大量的创客工具，采用动态的、项目导向的方法，使教学和学习策略朝着确保积极成果和学生成绩的方向发展；同时支持充满活力的校园学习文化。弗拉格勒县学区技术和创新协调员约瑟夫·迪普马（Joseph DiPuma）解释说：“的确，NEST在很多方面都是独一无二的，但我们真正喜欢的是它对学习者产生的文化影响。从学生进入学校的那一刻起，他们就浸润在

> 在我们赋予当今的学习者追随他们的兴趣和激情的能力，同时充分利用现实世界的、亲身实践的、更加深入的学习体验时，一切便皆有可能。

抱负、动力、好奇心以及创造和发现的需求里。让他们感受到新事物赋予他们的力量与活力是至关重要的；我们需要能够培养和激发他们创造力的环境，同时揭开科技事物功能背后的‘魔法’面纱。我们还必须传递这样一种印象：只要成功在即，失败也没关系。”

作为教育工作者，我们必须让每位学生身上的众多才能得以发挥。在我们赋予当今的学习者追随他们的兴趣和激情的能力，同时充分利用现实世界的、亲身实践的、更加深入的学习体验时，一切便皆有可能。为学生提供创新的、以学习者为中心的空间来修缮与创造，是将这种体验变为现实的一种渠道。

如今，研究者持续在学习科学领域中取得跨越式成果。随着我们对人类大脑的复杂性以及如何为功能性创造最佳学习条件的了解越来越多，重新设计学习空间的概念已经大大超越了这些时髦的想法，成为了一种必然趋势。根据我们期望的学习结果来调整我们的学习空间，从这是一件还不错的事情，转变为这是助力成功学习结果的基本要素。

每一种空间，无论是新旧，也无论大小，都应该被设计成便于能够最大限度地采用个性化方法进行深层次学习。如果设计能够积极地促进学习过程，并帮助所有学生创造真实、富有活力的体验，学校便会发现他们的空间设计是十分成功的。

对于那些不知该从何处入手的教育工作者来说，就从迈出一步开始吧。你的教室或学校里有什么公共空间可以让所有学生受益？如何更好地设计这个空间，使其具有创新性并以学习者为中心？怎样减少传统的教师区域，增加学习的空间？最重要的是，学生们怎样认识作出改变的必要性，如何看待已经发生的改变？认识到不存在一条唯一的“正确的道路”至关重要，因为在设计空间时，要考虑到学校社区的独特特征，以及它所服务的优秀学子。当以我们自己的学习过程为学生作出示范时，我们不能害怕失败，这样的改变需要时间。

当我们重新设计空间时，我们必须高度关注“为什么”，并明白这一点：我们必须继续专注于问题所在，并了解到仅仅将新的课堂用具和色彩鲜艳的豆袋椅放在一个空间内，并不能改善学生的学习成果。师生对学习空间动态而又创新的使用，可以最大程度地影响学习。因此，如果教学设计和教学方法没有随之发展，简单地重新布置教室空间对学习成果只会产生微乎其微的影响，或者根本不会产生影响。转变教学方法，专注于个性化的真实的学习机会，利用灵活变动的空间，来最大程度地发挥可能性，这最终才能发挥作用。

因此，如果教学设计和教学方法没有随之发展，简单地重新布置教室空间对学习成果只会产生微乎其微的影响，或者根本不会产生影响。

永远不要忘记，我们的首要任务是关爱和关心我们有幸服务的学生。其他一切都是次要的。我们和学生们在一起的每一天都是一次机会，让我们做一些了不起的事情，向他们展示他们有多重要。让我们一起设计创新的、以学生为中心的空间，满足孩子们的需求。这会向他们表明我们所做的工作并不是为了我们自己，而是为了他们。一步一步慢慢来。只要我们齐心协力就能做到。

第2条

让图书馆成为“学校心脏”的5个创新法则

香农·麦克林托克·米勒

想象一下：你走进一所学校，听到走廊里回荡着声音，于是想要一探究竟，发现声音是从图书馆传来的。你默默朝里面望去，看到的是一个活力满满、充满创造力与合作氛围的学习和阅读空间。图书馆的桌子旁，地板上，甚至楼梯拐角，都可以看到学生聚在一起讨论的场景。有人在创客空间创造着什么，有人在绿色的录音棚里录音。教师们在自助餐厅里，围坐在高高的桌子旁，边喝咖啡边讨论。图书馆外面，两个班级正在跟他们刚刚读过的书的作者通过Skype进行视频通话，他们甚至还邀请了世界上其他几所学校的学生加入通话。

环顾四周，你会发现，刚才你看到的场面不只出现在图书馆里。这所小学的走廊里有一面乐高墙，学生们正参与一场解答数学题的竞赛，操作着机器人上上下下。除了各种各样的书，学生们还会从图书馆借制作工具包，带回家自己操作。无论在图书馆内，还是在图书馆外，在校园内的每个角落都在上演着这样的情景。但是，如果你继续转下去，你会发现大部分活动都始于学校的中心——图书馆。

看到这一切，你会感到欣慰并且希望所有学校中的每一个学生、教师、社团都能够处在这样一种环境中，经历这些体验。图书馆不仅充满各式各样的活动，而且每年的创新都层出不穷。这在很大程度上归功于这个地方的核心人物：图书馆员。

作为一名教师馆员，我欣然接受了通过创新方式在图书馆和学校社区内创造出的变化。我经常思考，身为图书馆员，创新对我来说意味着什么。以下是韦氏大词典给出的定义：“创新，就其本身而言，是指新事物或对现有产品、理念和领域所做的改变。”在图书馆，我们每天都在寻求变革依据，采取应对措施，以支持变革。作为拥护者和引领者，我们必须退后一步，真正思考身为图书馆员，或者教师、管理者，甚至身为学校大家庭中的成员，我们应该如何支持与助力创新举措。这些创新出现在图书馆馆员所在的图书馆，出现在整个学校社区内，在线下、线上甚至遍及全球。

你可能会问：图书馆员到底做了什么创新？图书馆的创新体现在哪些方面？这种创新如何影响到社区所有成员？

图书馆员可以成为社区内最大的创新倡导者和引领者，因为我们在图书馆中有独特的角色和位置。我们与所有学生、教师、行政管理人员和其他家庭成员一起工作，这使我们能够通过独特的创新想法、创新活动、创新计划、创新空间等来触及每个人的生活。在本章中，我将分享5种让图书馆员成为真正的创新倡导者和引领者的方法。我会提供许多实用策略，帮助你们成为图书馆、学校社区乃至全世界的创新倡导者和引领者。

即使你不是图书馆员，也请记住：学校里的每个人都必须共同努力，为我们的学生乃至未来的教育创造最好的学校和体验。这些伙伴关系对我们创造新事物、开展学校变革至关重要。我们的学生需要教师馆员来帮助他们成为终身阅读者和终身学习者，并为他们的整体福祉而努力；我们所有的教师馆员都需要你的支持，请理解他们作为创新引领者和倡导者的重要性。

法则1：协同各方力量，培养社区伙伴关系

在引领创新与变革图书馆和社区时，最重要的行动之一就是与所有利益相关者建立和深化联结。图书馆必须成为学校的心脏，不仅成为这些关系开始的地方，而且要成为它们日益成长和深化的地方。创新型图书馆都有着良好的关系。良好的联结是成功推行图书馆计划的首要原因和方法。当我开始在爱荷华州范米特社区学校担任区教师馆员时，我同时也是社区成员、3个孩子的妈妈、图书馆和我孩子所在班级的志愿者，还在学区技术委员会任职。我积极参加家长教育协会，自愿为所有事情服务。我也是一名代课教师，曾在上一位教师馆员休产假期间为她做过长期的代课工作。在在范米特工作时，我就半只脚踏入了这个领域，因为我与学校的每个人都建立了关系，包括学生和社区成员。

> 图书馆必须成为学校的心脏，不仅成为这些关系开始的地方，而且要成为它们日益成长和深化的地方。

然而，随着新学年的开始，我很快意识到，我不仅要在社区与重要的人建立人际关系，而且我还要建立我们与图书馆的物理空间的联结，以及进入这个空间时人们的感受之间的联结。我需要建立并维持更多这种联系，因为我希望在我担任图书馆员期间，图书馆作为学校心脏的情况下，

大家都可以把自己与图书馆内部和整个图书馆可能和将要发生的事都联结起来。我建立关系和信任的方式改变了图书馆，使之成为我们想要的图书馆。我们的图书馆以联系为中心，拥有全美最具创新性的图书馆项目。我们正在改变人们对图书馆的看法和一直以来它所固有的样子。

当你开始建立联系时，考虑这些联系对你和图书馆意味着什么是很重要的。问自己一些问题，比如：社区可以为我们的图书馆项目增加什么？社区如何帮助改变图书馆？社区能带来什么新理念和新想法？当我们创造这种变化时，我怎么能为所有参与其中的人提供帮助？

由于这些关系与每个人都息息相关，因此考虑不同群体的工作学习地点也很重要，这样我们才能以有效和有意义的方式与他们产生联系。我们可以把图书馆变成很受欢迎的地方，这样学生就会来图书馆。我们可以在教室里开展合作与合作教学的活动。我们也可以在学校的专业发展中发挥重要作用，这有助于提升我们的能力并获得教师的信任。我们令学生家庭惊叹于我们是如何成为学校系统不可或缺的一部分，惊叹于图书馆如何成为学校的心脏，让惊叹声拉开这一学年和其他家校活动的序幕。

我们也可以用社交媒体建立社区。我们可以在社交媒体应用上创建一个页面或群组，或者在各类社交媒体APP上创建账户，利用各类社交媒体工具来为我们的图书馆建立社区。这是我为图书馆做过的最好的事情之一，我联系了每一个人，向他们展示了我们图书馆和学校在整个学年中发生的事情。此外，我们可以利用这些社交网络与世界各地的人建立联系。这将最终影响到我们的学生和教师，因为我们建立的这些联系，不仅会让我们找到建立联系的方法，而且让我们找到了以有意义的方式进行合作和联络的方法。

我也喜欢使用Skype和Google Hangouts（谷歌环聊）与他人建立联系。

这些工具可以把几英里外乃至世界各地的图书馆员和学生联系起来。借助这些数字工具，社区联系变得非常方便高效。我也可以与其他学校、图书馆、图书馆员、教师、学生、作家、插画家、专家、动物园、农场等建立联系。你可以用任何方式，在任何地点使用这些工具。

> **如果你想引领学校进行创新，不要等着被邀请参加会议。你可以直接过来，找个位置坐下，因为其他人很快会意识到你的发声会对学生、家庭、教师都产生很大影响，并且他们中的大部分人都希望在你的帮助和才华的激励之下引领创新。**

当然，不要忘记与行政管理人员建立关系。在图书馆内实施和倡导创新时，这是最重要的事情之一，因为这会对整个学校产生影响。如果你想引领学校进行创新，不要等着被邀请参加会议。你可以直接过来，找个位置坐下，因为其他人很快会意识到你的发声会对学生、家庭、教师都产生很大影响，并且他们中的大部分人都希望在你的帮助和才华的激励之下引领创新。

你与公共图书馆和公共图书馆员的关系也很重要。当你开始尝试做一些新的事情并实施变革时，你和公共图书馆将会产生独特的合作方式，并且可以比以往任何时候都更有效。你会发现这种关系的价值，它能提供给你在学校图书馆工作所需的资源和途径。你也可以对公共图书馆和那里正在发生的创新产生影响。

法则2：数字空间与实地空间相辅相成

我们最近听到很多关于图书馆和学校空间的消息。它们和过去不一样了，有许多灵活舒适的座位、先进的技术、可移动的搁架、造型新颖的书架和设施、自然光和合成灯光、创客空间、鼓励并支持主动学习的欢迎入口、各种令人激动的活动的喧闹声、创造力、阅读与交流等。这些都是创新生存和呼吸的空间。

图书馆需要设计成支持各种查询和协作的地方，成为校园的中心。图书馆空间需要始终支持学生、教师乃至家庭的学习。它需要随着新产品、新思想、新教学方法的产生而与时俱进。它需要适应个性化学习、项目式学习以及学生和教师想要尝试和实施的任何学习方法和想法。

作为图书馆员，我们可以成为图书馆和我们社区内其他空间的领导者，接受所有改变并支持所有类型的空间。在为我们的社区设计学习空间的同时，我们需要研究、参观和尝试不同的学习空间理念。同样重要的是，在做这项研究和决策时，让学生参与进来。毕竟，这是他们在学习、交流、阅读、创造和合作过程中所使用的空间。

我们在网上为图书馆创建在线空间也是必不可少的。在线空间需要全天候开放。在那里，我们的学生可以再次接触到各种各样的资源，包括学习和阅读材料、创造性体验、合作关系和特别活动。随着阅读和学习的互动性越来越强，我们的数字空间将变得越来越重要，成为每个人在学校、家庭和外出途中都能获得极佳学习体验的方式。如果我们的学校能够让这种类型的空间变为现实，我们便可以确信它们将支持我们的学生在任何时间学习。

就像我们通过会见我们的赞助人来拉近关系一样，我们也需要创造他们会想要去的地方。正如凯文·科斯特纳（Kevin Costner）在《梦幻之地》（*Field of Dreams*）中饰演的角色在穿过田野时所听到的那样，“你盖好了，他们就会来”。

法则3：教师团队精诚合作

据韦氏词典，“协作是与某人合作生产或创造某种东西的行为”。创新指的是“新事物或对现有产品、想法或领域所做的改变”，你可以理解为什么协作对于创新型图书馆和学校文化至关重要。

协作与我们的图书馆空间以及在其中建立和培养的关系密切相关。当这些元素发展壮大时，协作可以以一种真实的、有意义的、富有成效的方式进行。要想取得成功，协作需要持续、一致、灵活，并建立在构建关系和信任的基础上。通过灵活多变的合作，我们知道，协作将融入我们的学生、教师、社区与世界各地其他人的创新之中。

在范米特担任图书馆员的两年时间里，我一直与半数左右的K-12教师保持着稳定的合作关系。并不是我不想或没有时间与剩下的教师合作，只是与一些人合作更具挑战性。可能是我不了解他们的课程，也不知道他们是怎么上课的，或者是我没有信心。可能是我们没有找到时间，甚至没有抽出时间来合作。又或许只是因为我们没有联系，或者不觉得我们有重要的事情要谈。但这对我来说还不够好。如果我要发挥我的影响力，像我应该做的那样支持这所学校，我就需要在我们的学区内提升自己作为引领者和合作者的能力。

所以我退了一步，创造了一个数字空间，在那里我们可以建立联系，分享和制订计划，以便将富有成效的全校合作计划落实到每个课堂，每位教师都将和我一起携手并进。这个在线文档“基本安排与协作”（见图2.1）不仅是令人惊叹的和有意义的合作发生的地方，而且还可以让其他人看到在学术课堂、图书馆和相关的艺术课上都在进行什么内容。

有了这个文档，我每个月都能准确地知道教室所发生的事情，与教师合作、规划，为我们的学生创造比以往更好的学习体验。我们的行政管理人员也很看好我们之间正在进行的合作。教师们会在表格中填写课堂和课程所进行的活动。他们也会添加相关资源、书籍、网站、链接以及任何需要补充的额外信息。然后，我会进入在线文档，添加想法、书籍、资源、链接、数字工具和应用程序，以及所有关于我们如何合作为学生创造最佳体验的计划。

图2.1　全校合作计划的在线文档示例

当我和教师们会面时，我们会以文档为基础交流我们在正做什么以及接下来的计划。我们还用文档来记录那些在走廊、图书馆甚至电子邮件或短信中的简短对话。它让我们保持同步，汇集了我们所有珍贵的交流时刻，无论是面对面还是在网上交流，它都很有用。

我与所有的教师开展合作，包括所有特殊教育、“天才班”、阅读专家、体育教师，以及其他相关的艺术教师。我们在文档里所做的同步，最精华的部分就是关于跨年级和跨专业的合作。例如，1年级的学生可能正准备给他们在教室、美术室和图书馆里进行的社区项目录像。同时，4年级的学生正在学习iMovie的编辑功能。我们可以把他们安排在一节课，开展一些很棒的生生结对教学。这对每个学生来说都是双赢。我们都喜欢这样的合作。

在考虑诸如此类的协作和想法时，请考虑建立的合作伙伴关系将如何支持图书馆和学校社区内的创新。协作将如何支持你想做的创新？协作将如何支持和推动教师的创新教学理念和教育方法？协作将如何产生我们心之所想的图书馆核心的文化和空间？最重要的一点是：这种合作是否在某种程度上支持了你的学生，帮助他们取得成功？当你开始与同事和其他人进行合作时，这里有一些实用具体的技巧可以帮助你：

- 总是对同事说“好的”，想办法提供其所需要的所有帮助。一起行动，你们会找到很棒的合作方案与途径。
- 不要等待别人邀请你合作，要主动出击。告诉你的同事你所知道的事情，和你所能做到的事情，提供帮助让他们感到惊喜，成为他们最好的支持者。了解他们最喜欢的食物或饮料。如果在学校没有时间，就要想办法通过其他方式见面。我和我的第二个主管约翰·卡弗经常相约周六在咖啡馆见面，那时我帮他做社交媒体和博客。那次合作确实带来了很大的改变！
- 要进行愉快的合作。这一直是我们工作中最富有回报的部分之一。学生和家庭也很欣赏这种努力，他们同时也从这些关系中获益。

而且，不要忘记，不一定只和你自己学校和学区的教师合作；学生、教师以及这个州、整个国家或全球其他人之间都可以合作。我最好的合作时刻是与地球另一端的朋友和同事一起度过的。

法则4：构建“未来图书馆员”框架

作为我们学区的K-12教师馆员，我支持并激励所有的图书馆使用者：学生、教师和家庭。我一直在寻找方法，不仅在社区里倡导和支持一种特别的阅读文化，而且努力建设极为丰富多样的图书馆藏并推广阅读成风的文化。

在“未来图书馆员”框架里（见图2.2），读写素养对于这8个板块都很重要。读写素养围绕以学习者为中心的核心内环展开，不仅关注全体学习者和读者，而且贯穿于整个框架，包括**培养社区伙伴关系、设计协作空间、赋予学生创造的权利**，等等。

如框架中所定义的，作为“未来图书馆员”，我们**支持并启发学生和教师的阅读生活，建立兼容并蓄的馆藏，认可并宣扬多元体验，提供教学机会，使学习者成为信息和理念的有效使用者和创造者**。

作为图书馆员，我们需要成为图书馆和社区的创新文化倡导者和引领者。我们不但能在学校和社区内推广阅读，还能通过“世界朗读日”（World Read Aloud Day）和“国际圆点日”（Dot Day）等读写活动与世界各地的其他人建立联系。我们可以请作家、插图画家、出版商和其他人通过Skype、Twitter、Instagram和Snapchat等社交媒体工具和学生讨论。这些文学和艺术大家不仅和我们的阅读群体产生了关联，而且也成为了学生们的教师、导师，甚至是朋友。

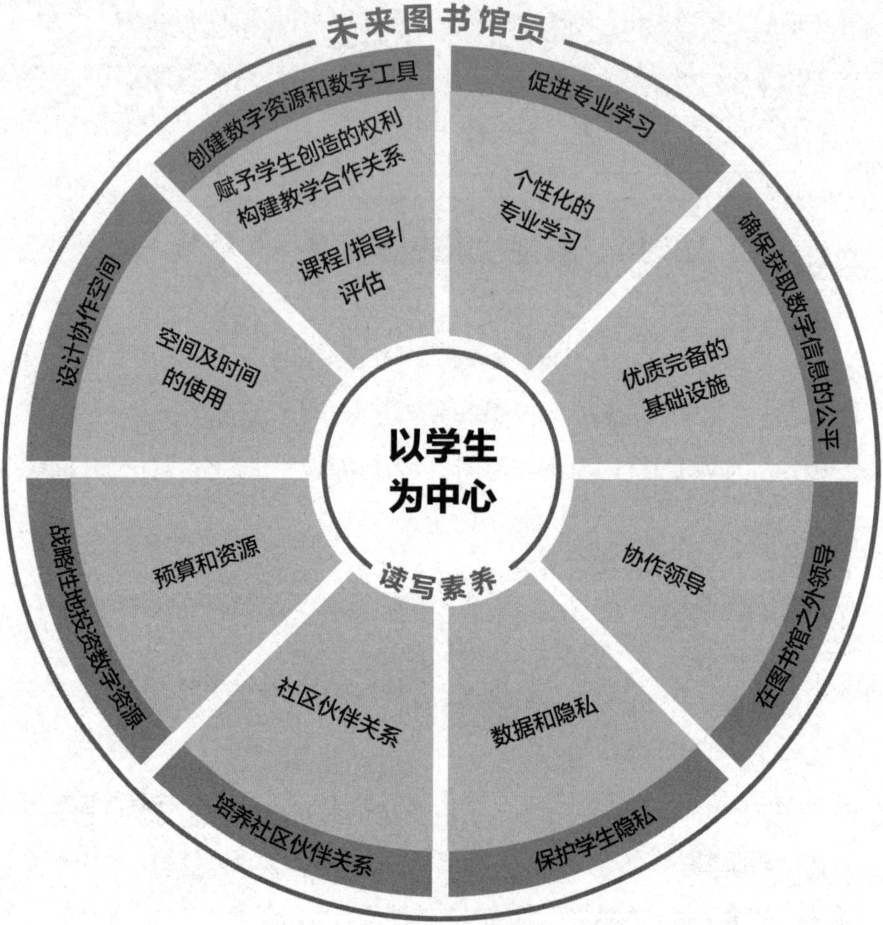

图2.2 “未来图书馆员”框架

作为读者，我们不再局限于书架上的书，因为我们现在有各种选择，包括电子书、数据库、有声读物和互动阅读体验，即使是最不情愿阅读的传统读者也会被吸引。我们与读写素养互动的方式正在改变，可以通过虚拟现实和增强现实等阅读体验，比如引入顶点出版社（Capstone Publishing）的4D应用程序、“密探任务”（Spy Quest）网站和各种视频让读者选择自己的虚拟阅读冒险体验，同时引入一些互动电子书，比如福利特公司（Follett）推出的“灯箱”（Lightbox）互动电子书[①]等，不一而足。把阅读带到读者的生活中，就是抓住他们的注意力，利用他们的想象力。

令人兴奋的是，我们现在拥有的创新资源可以让所有读者都通过交互式的、数字化叙事工具和应用程序将他们的阅读带到生活中。学生们阅读并分享他们最喜欢的图画或章节时，可以使用数字工具，如邦斯（Buncee）或故事鸟（Storybird）[②]来创建他们自己的数字化。他们可以在网上发表这些故事，与世界各地的同学、家庭成员和其他人分享。看着他们的想法付诸实践并找到了一个讲故事的平台，这是我们作为图书馆员和教育工作者支持读者的想象力、想法和需求的又一方式。看看阅读会把我们的学生带向何方，难道不是很有趣吗？

法则5：整合技术覆盖全校，为学生持续赋能

12年前，我从北爱荷华大学获得图书馆学硕士学位，范米特社区学校当时正在我们学区内实施第一个“1:1”笔记本电脑项目。我曾在学区技术委员会工作，同时也是一位家长，后来又当了图书馆员。当我们开启这趟“1:1”的旅程时，我决定把论文的研究方向也聚焦在这个主题上。我不仅看到了“1:1”项目对学生和教师的重要性，而且很快意识到它将为我，一个范米特的图书馆员，提供一个引领变革的机遇。

“1:1”不仅仅是学生人手一台电脑那么简单。通过将技术融入课堂、

① 包含与内文配套的视频、音频、活动、幻灯片、智力小测验等各种学习材料，涉及语言艺术、科学等学科。——编者注

② 一个基于图片模式的、类似卡通的文学故事分享平台。故事均由青少年创作，可得到欧美写作老师、出版社编辑、知名作家的点评。——编者注

图书馆、家庭和整个社区，我们为学生提供了展示创造力、知识和激情的发声渠道与发声方式。我们给予他们创造、联系、协作的自主权，最重要的是他们能够在教育和生活的各个方面进行创新。学校社区的巨大转变为我们给学生创造创新文化和教育体验提供了绝佳的机遇，同时他们也与世界联系了起来。从我作为图书馆员的角度来看，它所带来的变化，是对教师、图书馆、学校社区当然还有范米特的学生最好的事情之一。

随着我们逐步在整个学校社区整合技术，我们增加了越来越多的数字工具和应用程序，将重点放在数字化叙事、游戏、虚拟和增强现实、编程、图形设计和机器人等方面。资源和服务的转变意味着我的专业知识和创新能力将更加被需要，我很快就成了那个借助教师与教学，将技术整合到整个学校以及每个课堂的人。我成了当地的技术专家，热爱这项任务带来的兴奋。毫无疑问，我找到了自己的定位，获得了随之而来的成功。

了解各种资源，协助整合课堂上的工具和技术，成了我的热情所在。合作变得比以往任何时候都重要！如前所述，创新指的是“新事物或对现有产品、想法或领域所做的改变”。读到这里，你现在明白为什么协作对于创新图书馆和校园文化至关重要。在全校的技术整合中，这一点是再正确不过的了。

通过与教师和学生的协作，我发现了许多学校之外的合作机会，比如可以与这项正在发展中的新技术的开发者、发行商和先驱者们开展合作。我不得不学习更多知识，以便更加高效地实施这些新技术。不只是我，我的学生和教师也与行业先锋建立了联系。当了解到一个新的数字工具或应用程序时，我主动联系并邀请与其相关的人员加入我的社区，同时我也会向那些创造者和开发者学习。有问题时，我们通过社交媒体联系，提出并寻求解决方案。当学生有一些令人惊喜的东西时，他们利用社交媒体和其他途径向全世界展示。这些联系使他们可以提出问题、解决问题，并作为测试者、指导者和发烧友进入更广阔的技术世界。

这种交流的最佳例子是我们与《光环》（*Halo*）游戏的开发者之一艾伦·默里（Allen Murray）进行视频通话。几个高中生硬要我与艾伦·默里联系，我一激动，在Twitter上发了一条推文。令人惊讶的是，艾伦真的伸出援手，提出与孩子们视频通话，答疑解惑，告诉他们关于这个流行游戏开发的内幕消息，并愿意和他们在图书馆一起玩《光环》。你能想象有一天我通过校内部通话系统宣布：“同学们，欢迎到图书馆与艾伦·默里进行视频通话，一起玩游戏。”这不仅包含了他们生活中一些有意义的、重要的技术，也是我向他们展示技术之力的一种方式，这充分利用了他们对游戏、编程和技术的热情。它为许多学生打开了大门，因为他们意识到，这些激情可以转化为令人赞叹的终身事业。

最重要的是，技术帮助我们的学生成为终身学习者、创造者和合作者。在我们都置身其中的数字世界里，他们有如此多的机会去创新，去改变世界。毕竟，技术是我们可以为学生赋能的一个关键因素，能使他们成为生活的学习者、成为给教育和我们的未来带来变革的人。当技术以有意义的方式被应用时，它可以成为在学校和图书馆里发挥每个学生的差异、激情和独特之处的工具。

当技术以有意义的方式被应用时，它可以成为在学校和图书馆里发挥每个学生的差异、激情和独特之处的工具。

我想给大家分享一句我最喜欢的话，这句话引发我思考教育领域的创新，特别是与我们学校图书馆和学生有关的创新：“教育学生创新的第一步，是确保教育工作者自己有成为创新者的机会。”当你思考如何做一个创新的图书馆员和教育工作者，并希望那些在图书馆、学校和社区的人同样具备创新能力时，我请你思考一下这句话。

创新关乎每个人。它持久且变动不居，支持最疯狂的想法，支持触不可及的梦想，以及我们只能想象一下的颠覆性变革。作为图书馆员和教育工作者，我们绝不应该满足于现状，也不应该仅仅因为我们不是坐在教室和图书馆里的“学生”，就认为创新是一种停滞不前的东西。事实上，当我们追求创新时，我们都应该成为学生，与社区的每个人合作，使那些极度狂热的想法、遥不可及的梦想和翻天覆地的变革变成现实。准备好，朋友们。我们有很多期待，因为我们信奉创新精神，也鼓励其他人进行创新。毕竟，在思考我们应该做些什么来为现在和未来的学生创造最好的体验时，创新应该是我们的驱动力。作为图书馆员，我们绝对是学生、社区和世界所需要的创新拥护者和引领者！

第3条

创新学校文化

托德·威特克尔

学校文化对我们所做的每一件事都有着不可思议的强大影响，确定如何不断推动其朝积极的方向发展至关重要。我们的目标是提供思想和方法，以高效且有效的方式影响校园文化。

为什么学校之间的差别如此之大？我并不是在比较大城市的高中和农村的小学，相反，为什么同一地区有着相似学生群体的两所学校，但不论看上去还是感觉起来都完全不同呢？这些学校不管是私立的、公立的还是特许的，都是如此。每一所学校都有着不同的特点。那么，这个不同之处是什么呢？我们能否控制它甚至影响它呢？

在某所学校中，你会感觉到每个人都很受欢迎、很友好，并且你乐意待在那里。而当走进与它邻近的学校时，你却发现想与他人进行眼神交流是很困难的，而且那种感觉可能更像是瞪眼，而不是微笑。这些学校真的有那么不同吗？在那里工作的人看不出来吗？为什么没有人做点什么？他们可以做些什么来改变现状吗？有这个可能吗？

厘清氛围与文化

文化是一个非常流行的话题，一切看似都与文化有关。运动队有“胜利文化”，或者他们想要将他们的文化变为一种胜利文化。公司谈自身的“服务文化”“成功文化”或“文化契合度”。这些文化可能是“扁平的”“开放的”“富有创新性的”，甚至是“旧式协同的”。许多口号都包含或描述了组织文化。

我们看过一些有乒乓球台、休息室和弹性时间表的企业。这就是文化吗？难道对于我们的每一所学校来说，离教师拥有优质文化，仅差一间游戏室或休息室的距离吗？我们对外宣称我们拥有胜利文化或朗朗上口的校训，这是否意味着我们真的拥有口号里的内容呢？你有没有想过那些乒乓球台多久使用一次？有没有好奇过那个休息室多久有人去一次？我们都知道，有客人到访时，人们的行为举止会有所不同，发言人总以一种身处机构内部人员似乎并不认可的方式对机构夸夸其谈。我们都只在客人拜访前使用吸尘器，而且对大多数家庭来说，他们都知道如何在与外人打交道时摆出自己的“公众形象”。但文化实际上是在没人注意的情况下发生的，是我们在没有特殊场合的情况下，每天联系和沟通的方式，或是不这样做时的状态。

让我们来看看文化的几个定义。霍夫斯泰德（Hofstede）把文化描述为“将一个团体的成员与另一个团体区别开来的共同拥有的心理程序”。心理程序难道不是一个有趣的概念吗？施恩（Schein）对文化的描述更加基本，即文化是一种不成文规则的社会灌输，人们在试图融入特定群体时会学习这些规则。我们都想融入其中，不是吗？至少在某些时候我们是这样的。

如果文化能够指导我们适应组织机构或学校，那么它就是一股让人难以抗拒的强大力量。施恩在定义中说规则是“不成文的”，这一要点又如何解释呢？我们如何学习这些东西？这是积极的还是消极的？在某种程度上，这听起来甚至像乔治 · 奥威尔（George Orwell）的书《一九八四》。在某种程度上也许的确是这样。

我们可能认为文化是一种超级力量。我们都看过很多有关超级英雄的电影，知道一些角色使用这些附加技能行善，而另一些角色则可能会一心作恶，至少在某些时候是这样的。不用担心，我并不是想吓唬你。既然我们有幸进入教育领域，那么我们绝大多数人从事教育工作的理由是正当的，即对学生产生积极影响、让他们可以有所作为等。虽然那些在某所困难重重的学校中的教职工也是如此，但有一些因素阻碍了这些努力的实现。是什么让他们无法享受到期望中的集体教育环境呢？

让我们快速比较一下氛围和文化。格鲁内特（Gruenert）和我在2015年做了一项研究，展示了一些可以进行比较的方面（见表3.1）。显然，改变态度比改变性格容易得多，我们的心情可以轻易且频繁地由好变坏，或由坏变好。在许多学校，周一和周五的气氛截然不同。想象一下，当学校宣布明天因天气原因停课时，人们的情绪会发生怎样的变化。这些都是相当直观的。不过，让我们来看看表3.1所列出的项目。

表3.1 文化与氛围的比较

文化	氛围
团体的性格	团体的态度
允许在周一感到痛苦不堪	周一到周五、二月到五月各不相同
提供一种有限的思维方式	营造一种心态
即便是团体成员也无法感知	进入房间就可以感知
是我们在这里做事的方式	是我们在这里的感觉
决定着是否有可能改进	当积极的变化发生时，最先得到改善
在你的头脑中	在你的头脑中

资料来源：格鲁内特和威特克尔（2015，第10页）

文化提供了一种有限的思维方式。听起来是不是有点“恐怖”？嗯，有一点。感觉它就像那些超能力，可以是积极的，也可以是消极的。如果文化本质上是积极的，那么它可能会减少抱怨次数，因为抱怨并不能解决问题。相反，如果这种文化更加消极，那么它可能会默许甚至鼓励吹毛求疵和消极态度，这样就会让每个人情绪低落，即便他们当时并没有出现那样的情绪（氛围）。

有趣的是，外人比团队内部成员更能看出其文化。特别是随着时间的推移，我们所处的环境最终会变得常态化，当然有时很快就会变成常态。教师休息室可能会成为我们抱怨的地方；在部门或年级会议上，教职工可能会更多地提出问题而不是解决方案。我们逐渐认为这是正常的。反之亦然。我们在教室里可能会感到沮丧，但当我们在教师食堂和同事们一起吃饭时，则会感到振奋；我们很难攻克教学难关，但我们的部门会议是寻找潜在解决方案的理想场所。不管怎样，这都是我们所期望的，我们倾向于认为世界就是这个样子。

然而，如果我们离开原地，进入新的环境，可能会发现完全不同的情形。刚进入某团体的人通常在有限的时间内最能够识别出该团体的文化，因为过一段时间，这种文化对他们来说也变得习以为常了。这有点像婚姻。我们可能在婚礼前有某种愿景，但随着时间的推移，我们会将这种愿景或婚姻同化到与配偶的日常关系中。这可能是积极的，也可能是消极的，但它最终会成为我们自身的一部分。

当谈到文化的力量时，列表中的最后两点可能是最具启发性的。文化可以决定着是否有可能改善。你是否曾遇到过这样的情况：在某团体中，似乎是由两人中的一人来决定是否采纳某想法？如果“扫兴先生”不喜欢这个想法，是不是很快就舍弃了？或者是，我们需要先了解2年级的教学团队是怎么想的，然后再决定是赞成还是反对？甚至可能存在以下这种文化，即“我们一直都是这样做的”或者“这对我们的学生行不通”，逐渐成为一种抑制性的口头禅。在这些例子中，一种看似神秘的力量——文化——占据了上风。

最后一点，也可能是最重要的一点，文化和氛围都存在于我们的头脑中。的确没有具体的措施，这是每个人对学校的看法。可以把它看作是成长型思维方式和固定型思维方式之间的区别：一个是期待你找到解决方案，另一个是阻止你找到解决方案。文化就像笼罩在学校上空的阴影，决定了我们是要解决难题，还是把绝望当成借口。因此，要改变一种文化，我们必须改变团体内部人员的想法。

许多关注校园文化的人谈论改变一种文化需要多长时间，大多数专家认为需要3到5、7年的时间。让我们看看能否加快这一进程。实际上我们**必须**加速。原因很简单：我们所做的事情非常重要，因此不能花那么长时间来改善一所学校。如果你家中有学龄儿童，你对那所学校3到7年后

> 改善文化是一个持续的过程，而不仅仅是一个事件。不是说向前迈出一步，就长舒一口气，欢呼一切都搞定了。相反，这是一种持续的努力，需要有意识地去获得想要的结果。

的改善不会有什么兴趣，因为到那时候你的孩子就不在那里上学了。你的期望现在已经转移到一个新环境。

我们还要明白，改善文化是一个持续的过程，而不仅仅是一个事件。不是说向前迈出一步，就长舒一口气，欢呼一切都搞定了。相反，这是一种持续的努力，需要有意识地去获得想要的结果。

文化改善没有捷径

没有人喜欢传递坏消息，但在改善文化方面的确没有“魔法豆”。文化改善既非偶然，也无捷径。不过，也有办法加快和改进这一进程。这需要实实在在的工作，而不是陈词滥调。一味告诉人们要创新，但创新对推动文化发展毫无帮助，反而会让现状文化更加肆意、更具抵抗性。当有人想要改变一种文化而被当做威胁时，这种文化本身和处于这种文化中的成员就会群起攻之，以抵制这种威胁。如果你想改善或改变一种文化，不要让这种文化知道你想改变它，对于有效性你不能强求。人们天生就是逆向思维者，至少很多人是这样，他们通常对一个团体有很大的影响力，这种影响通常是不成比例的。

同事们让我定期为他们的小组举办研讨会。有人会请我举办一个关于团队建设的研讨会。如果我说没问题，就称它为“团队建设”吧，可能每个人都会感到反感。相反，如果只是单纯举办一个研讨会，不提团队建设，每个人都可以参与互动，那么，人们就不会本能地抗拒它。研讨会结束时，如果与会者发现了研讨会的价值所在，就会更容易接受所有人互动的部分，而不会抵制我们通过暗示他们需要更多的团队建设以改进其文化的指导建议。

把握新教师到来和学年初的关键时刻

企业重塑品牌是有原因的；教育以及学校在将旧项目换上新名字，这么做也是有原因的。之前累积的问题太多，需要重新开始。这也是为什么一年中的第一次教职工会议对改变一种文化如此重要——因为那时候的文化还不太成熟。人们乐观地认为，今年会有所不同，会变得更好。此外，一些新来的教职工对这种文化还没有概念。由于它存在于我们的头脑中，所以新来的教职工往往是推动文化发展的出发点。通常情况下，这种文化喜欢回顾过去，因此就不会有所改变。然而，要想改变文化，我们必须向前看，这样人们才能在自己的头脑中有不同的展望。新年伊始是开展这一进程开始的最佳时机。

你可以这样想：新教师的热情程度如何？年初是他们热情最高涨之时，所以首要目标就是保持他们的热情。即使是热情度最低的老教师，在年初通常也会有更积极的态度。我们必须尽可能保持教师们的这种状态，这样做比在气氛下降时才提升氛围容易得多。

积极发挥领导力

领导力和文化这两个词有时几乎可以互换。一个拥有积极文化的学校通常会有一个积极的领导者。如果一所学校的文化很糟糕，那么他们往往会有一个糟糕的领导者。

尽管我们可能认为，一种校园文化要比该校的领导者“存在时间更长”，但实际上，二者之间的联系可能比我们想象的要紧密得多。人们谈论着运动队“胜利文化”。回想高校橄榄球队和篮球队，我们经常会听到这个词。阿拉巴马州、密歇根州和俄亥俄州的橄榄球比赛都有“胜利文化”。而说到篮球比赛的“胜利文化”，肯塔基州、杜克和北卡罗来纳州球队就会浮现在我们脑海中。如果我们要把所有这些都归功于文化，那为什么这些比赛仍有起起落落呢？既然这是一种文化，为什么新领导者还会对它产生如此大的影响？

在过去的10年里，阿拉巴马州是大学橄榄球比赛中的佼佼者。然而，在尼克·萨班（Nick Saban）去那里执教之前，他们正处于低谷期。怎么会这样？难道是领导者的原因吗？这大概是不言而喻的。如果尼克·萨班离开阿拉巴马州，和另一所学校的某个不成功的教练交换位置，你认为那个不成功的教练会在阿拉巴马州获得多次全美冠军，而萨班教练会在他的新地方经历多个失败的赛季吗？要多久才能看到变化？

北卡罗来纳州有关于篮球比赛的“胜利文化”吗？或者迪恩·史密斯（Dean Smith）和罗伊·威廉姆斯（Roy Williams）是成功的领导者吗？他们中间有一位教练，在面临同样的文化时却苦苦挣扎，他甚至还是一名前球员，对这种文化了如指掌。这怎么可能呢？也许是因为领导力，或者说缺乏领导力。

我们可以看到，领导力在食物链的顶端是多么重要——比如，主教练、校长或主管，但我们也必须了解领导力在某团体的各个层面都很重要。教练面临的最大挑战之一是，最好的球员往往不是最好的领导者。因为他们是“最好的球员”，所以他们经常为团队其他成员树立榜样，而不是教练最希望其他人效仿的人。这正是许多学校出现的情况。

目前很流行大卫·温伯格（David Weinberger）的一句话，“房间里最聪明的人，是房间本身”。在某种程度上，的确是这样，或者至少我们希望是这样。对于一个团体来说，如果我们能综合所有人的学识做出决定，那么这样的决定会比只根据其中某人的见解做出的决定更好。我们可能还认为，这种“群体思维”优于传统的自上而下的思维方式，即在某所学校里，校长在没有他人参与的情况下做出决定。这种方法的局限性十分明显：“战壕里的人”可能最了解实践中最有效的方法是什么，而他们却被排除在外。因此，在学校里寻求做出最佳决定时，常常听到另一种口号，那就是“协作、协作、再协作”。在理想情况下，我们确实是根据最聪明的人和集体智慧来做决定的，没有比这更好的方法了。然而，许多地方并不是这样做的。

在一些学校，曾经当过运动员的教师的影响力，可能远远超过只传授知识的教师。如果一个较富有的人与一个“有来头”或有魅力的人结婚，那么他们的影响力可能比纯靠能力大得多。这就是为什么将领导力与影响力和能力联系起来是如此重要。如果可能的话，我们希望领导能力与才华能够相结合。这样一来，房间里最聪明的人实际上就是房间本身！这项工作不仅要在全校范围内进行，而且各级遵循推广类似的模式也是十分重要的。

以改变亚文化为载体

虽然整体文化在根本上决定组织的方向，但亚文化也可以对学校的较小区域产生重大影响。一般说来，处于某种文化中的人，都会与该文化中的几种亚文化保持一致。我们可以成为某教练团队中的一员；可以与3年级的同事联系；可以和其他初次为人父母的教师互动；还可以和其他6位不属于上述团队的教师共进午餐。这些亚文化中的每一种都能把我们拉向不同的方向。也许教练们会想办法在一天结束后迅速离开大楼；我们3年级的同事可能面临着其他人所没有的教学压力，这由于我们州的标准化测试，使得该年级受到密切关注；初次为人父母的教师有他们自己的活力，这样的午餐小组可能给人完全不同的感觉。此外，我们在每个群体中的互动可能会有所不同，这样我们可以将从一个群体获得的信息传递到另一个群体中。

由于亚文化的不同，从一个群体转换到另一个群体时，我们的互动和情绪往往会有所改变。对于我们如何对待每一个群体，人们有不同的期望。这有点像青少年对待他们的父母、朋友或男女朋友。他们可能会根据需要扮演三种不同的"角色"。不过，当这些不同群体出现交叉时，压力就会产生。

改变一种文化往往需要先改变亚文化。如果3年级的教师所做的事情比其他年级更有效或更新颖，那么与其他小组有联系的教师可以向该组推荐这一新想法。但是，如果不和其他群体建立联系，则影响微乎其微。这种互动是双向的。试想，如果一位3年级的教师，同时也是初次为人父母教职工亚文化群体中的一员，在该群体中学到了一个更有效的方法，那么，这位教师可以在3年级同事的亚文化时间与他们分享。

> **重要的是，一个团体要确保选择合适的人来发挥其影响力，这样，房间里最聪明的人就可以真正成为房间本身了。**

亚文化就像文化一样，没有绝对的好坏之分。积极的和消极的情绪都可以用这样的方式分享。重要的是，一个团体要确保选择合适的人来发挥其影响力，这样，房间里最聪明的人就可以真正成为房间本身了。

协作也可能会产生负面影响。如果最有影响力的人物并不是积极向上的、富有成效的，那么他们的意见可能比正常情况下更有分量。在这种情况下，我们合作得越多，实际上就可能越限制创新。我们必须意识到，一种文化的大多数方面——如协作、影响力和亚文化——与其说是指向性的，不如说是一种载体。它们决定了我们前进的速度，但不一定能确保我们朝着积极的方向前进。

调节氛围

我们刚刚已从表3.1中了解到氛围与文化的差异，在这里我们继续讨论改变氛围的重要性。氛围和文化常常可以替换使用，但它们是两个截然不同的概念。每一个都很重要，尽管有时二者可能有重叠和关联的部分，但它们可以有很大的不同。

一对已婚夫妇可能会在商店里发生争执，但当他们偶遇教堂里的某个人时，他们可以假装微笑几分钟，展现一种一切都好的假象。这就是氛围。这场争执可能是暂时的，显然，假笑也是暂时的。这就是为什么许多文化的改变必须要从氛围的变化开始。

如果我们想以温暖热情的方式问候所有学生，需要学校里有人先这样做一回。这样做的话，那天那位教师和所在班级的氛围就有了。如果那位教师每天都这样做，这就会成为其学生的“课堂文化”。如果走廊里的其他教师也同样这么做，那么这就变成了走廊亚文化。因为这是一种亚文化，所以每位教师都有望在经过走廊时微笑着问候学生，即使他们不喜欢这样做。如果其他教师路过走廊时看到这番景象，他们会产生一种必须向学生打招呼的感觉，甚至会有人直接告知他或她要这样做。

现在，当其中一位教师换了教室，走在另一条走廊上，如果他或她变成了唯一向学生打招呼的教师，在那个时候，就要看他们是否有决心继续这样做下去。如果他们坚持这样做了，并且具有一定的影响力，让其他教师也加入进来，那么他们就可以将这种做法像“病毒传播”一样推广开来。如果他们不再这样做，只因这不是当前这个新走廊的“规范”，那么文化就“得逞”了，他们也就变得像文化一样了。

这个例子看似简单，但这就是个人、亚文化和文化之间的相互联系。如果一个人有足够的力量和影响力，那么他们就可以开始并传播一种新的行为模式。如果这个人能与不了解学校“不成文规则”的新教职工建立联系，他们就能更快地做到这一点。领导者的职责之一，就是增加这种情况发生的可能性。确保将新教师分配给展现某目标价值的导师，这样可以更快地传播文化。考虑房间位置、计划时间、午餐时间等，可以帮助新教职工与需要拓展的个人或亚文化联系起来。

反过来，可能会有一些人并不是很积极，有些人甚至会怀念美好的旧时光（就像后视镜一样），他们想捍卫文化，并试图让新教职工加入他们的咖啡团队（某种亚文化）。要知道，每所学校都有许多正式和非正式的新教职工欢迎委员会，我们必须确保新教师加入正确的组织。

要知道，每所学校都有许多正式和非正式的新教职工欢迎委员会，我们必须确保新教师加入正确的组织。

亚文化和氛围之间的联系可能非常重要，二者都是改变文化的切入点。不妨这样想，如果今天我们问候学校里的所有学生，我们就改变了氛围（因为这只是一天，还不能改变文化）。然而，如果我们每天都问候学生，最终我们会改变文化。这种从氛围到文化的转变何时真正发生还有待商榷，是否从氛围转变为文化则不然。有时我们必须先改变行为（氛围），然后才能改变信仰（文化）。

如果一所学校目前的文化不是每位教师都温暖热情地问候所有学生，那么这种文化实际上每天都会阻碍教师这么做。同事们甚至可能会用略带挑衅的语气询问格外积极的教师，为什么他们今天这么开心，以帮助他们了解在这所学校怎样做是“正常的”。然而，如果一所学校的文化是教师每天都温暖热情地问候所有学生，这种文化将努力保持这种状态。如果有些教师没有微笑，他们的同事可能会询问缘由，有时他们还会受到嘲笑，因为他们与现有的积极文化脱节了。这个一模一样的例子适用于亚文化的两种方向。

团结积极赋能者

你可能在想，本章的内容有什么创新之处？其实也没什么创新的地方，然而这一切却又是创新的。之所以是创新的，是因为很少有人尝试改变一种文化，或者在这方面特别成功；这些想法之所以没那么新颖，是因为自从决定团体都应该有积极的文化以来，这些完全相同的想法已经奏效了。

如果某人在一所高中加入了理科组，处在该组亚文化中的教师会努力让他们融入这个圈子。当组里参加第一次学校集会时，新来的教师常常会问其他科学教师，他们在集会上应该做些什么。如果他们的同事说，“就是等着散会，然后回办公室”，那么，这很可能会成为那位教师的新常态；如果同事说，“我们和学生坐在一起，尤其是尽量坐在最有可能交谈的学生旁边”，那么这可能会成为那位教师的新规范。为此，我们努力让新员工与积极的同事建立联系。

但如果他们加入的年级、团队或部门没有我们所期望的亚文化，又该怎么办呢？如果你想每天都开心快乐地工作，但你的心态与你所处年级组的同事的大不相同，那么你最好找到一些和你志同道合的伙伴，否则，你可能会发现自己变得和他们一样痛苦。但如果你所在的学校规模比较小，只有你一位3年级教师、乐队教师或物理教师，又该怎么办呢？显然，你可以找不同年级或不同学科的其他教师，但文化可能会限制这种联系。另一种选择是使用社交媒体来寻找这些“赋能者”，即找到那些能赋予你信心、快乐和力量的人，这是威特克尔等人在《你的第一年：新教师如何生存和发展》一书中提出的观念。通过与其他地方的人联系，我们可以建立一种亚文化，使自己变得更有能力，同时我们也在校内寻找那些可以建立联系的人。此外，我们还可以从校外教职工那里获取各种想法，这可能会扩大我们的知识储备，使我们能够更有效地影响周围的人。

使校内教师影响力和能力保持一致的另一个重要方法是，让教师观察他们的同事。这不仅是一个很好的学习和成长机会，而且还可以扩大更高效的教职工的影响力，同时削弱效率较低的教师对他人的影响力。这并不是在嘲笑任何人，恰恰相反，这样会使一位教师的认识成为所有教师的认识。没有人会“偷”糟糕的想法。因此，如果教职工有机会观察他人并向他人学习，确实有助于所有教师成为最好的教师。

观察同事的另一个好处是，每个人都会意识到谁应该是学校里最有影响力的教职工。而且，通过在年级和部门的亚文化中对能力和非正式影响力进行协调，观察同事会产生立竿见影的效果。如果我是一名新员工，并且没有观察过其他教师，那么我可能会受到那位最为外向或个性最强的教师的影响。有些教师比别人更善于自我推销。这样不一定是坏事，但也不代表这些教师教得像说得那样好。通过实际观察同事，我们更能看出谁真正对我们自己的课堂有所帮助。观察同事还可以帮助我们确定谁是最佳盟友。如果我们一心只想尽可能对学生产生积极影响，就会迫切希望找到其他有同样关注点和愿望的教师。

以非评判、非评估性的方式参观课堂，是观察和学习我们所在地区其他人的机会。显然，通过社交媒体，各地的人都能做到这一点。然后，我们可以结合自身情况，利用我们的人脉和资源做些事情。即使有许多教师可能会产生抵触情绪，还有可能拒绝这样做，但如果仍有一些教师能向其他教师学习，那么较之完全不学，情况总会更好些。通常情况下，最先选择参与的是最好的教师和新教师。没有什么亚文化比这两个群体的结合更能影响整体文化的了，而且这样的结合越多越好。随着更多的教师参与到这种宝贵的学习体验中，亚文化变得更加重要，最终可能会成为学校的整体文化。正如开头所述，“学校文化对我们所做的每一件事都有着不可思议的强大影响，确定如何不断推动其朝积极的方向发展至关重要”。这些都是事实。我们对此作何反应取决于我们自己。

虽然我们可能会觉得文化是一种不可移动的客体，有着不可逾越的障碍，但它实际上是每所学校中的一个活生生的有机体。我们的每一次互动都决定了它前进的方向。对于改变一种学校文化需要多长时间，我们可能持不同意见，但我们都赞同，现在就是行动的最佳时机。

第4条

锐意革新，推动教育的边界

拉沃娜·罗斯

老师，你一定要让这成为现实呀。你必须要做到。

——德文，12年级学生

几年前，我和7名高三学生围坐在会议室的一张小桌子旁，讨论他们人生的下一步。再过3个星期他们就要毕业了。这些学生当时正在创造奇迹，他们中的一些人即将成为家里第一个高中毕业的人。许多学生已经在生活中过早地遇到我们成年人都难以处理的事情。虽然他们的家庭背景和成长环境让我对他们产生了同情，但当我听他们说到某一点时，他们的话让我感到一阵沮丧，内心波动，久久不能平复。

> **在教学过程中，我们过于关注学生不能做什么，而忘记了向他们展示（和赞美）他们能做的事情。**

我让他们告诉我他们的长处，在学校里擅长做什么。房间里一片寂静，他们不自在地彼此对视，然后在座位上扭来扭去。我一开始以为，这可能是因为他们不愿意在同龄人面前大声说出自己的优点，尤其可能是害怕被别人嘲笑，或是担心这样做会显得骄傲自满。不过，这些都不是主要原因。他们面面相觑，过了很久，一个学生终于开口了。“我的优点？”他问道，然后转过身看着我的眼睛。我回答道：“是的。你在学校的长处、天赋、技能或才能是什么？”他们继续盯着我的方向看，又是一阵沉默。接着他们很自然地说出了各自的弱点。其实在那一刻，我强忍泪水，因为我意识到我们做了什么。在教学过程中，我们过于关注学生不能做什么，而忘记了向他们展示（和赞美）他们能做的事情。优秀的教育工作者这两方面都会关注到的。为了改善学生的弱点，他们会注重让学生们先知道自己的弱点。不过他们也知道，学生们的长处将推动他们在生活中走得更远，因为这是他们激情的来源，也是推动他们取得成功的因素。作为一名有着22年教龄的教育工作者，我一直关注的是考试成绩，却不重视孩子的整体素质，也不重视服务好孩子们的需求，这让我很难过沮丧。

作为一名从事过各种教育工作的终身教育工作者，我在接受一些“最佳教育做法”的同时，也开始质疑一些其他的“最佳做法”。在我童年的大部分时间和成年之后，我一直被教导不要质疑权威或事物的现状。它们现在这样是有原因的，我就遵照现状即可。然而，在开始我的教师生涯后，我内心深处时不时会有一个声音响起，质疑那些所谓的教育“最佳做法”。这个像火苗一样的声音变成了更大的火焰，像是被抑制住喷发的火山。这种火山爆发般的情绪让我有了强烈的愿望，不仅要唤起人们对公平真正含义的认识，而且还要推动改变，不因现状如此就拒绝发生改变。我内心的那个声音就要爆发，因为说出来是我的职责，我也不会因为害怕负面影响而继续保持沉默。这是我的职责，也是你的职责，我们都要对每一个孩子负责。过去我们只是安静地坐着，或者彼此闲谈，我们没有找到一个解决方案，却默认了事情会保持不变。现在是时候了，是时候畅所欲言，是时候为学生冒险，是时候打破教育的边界。现在是时候停止把学生塞进所谓教育系统的固有模式里，我们的教学应该让教育系统来适应学生的天性。在某些方面，这不过是简单的转变。如果我们从孩子的角度出发看待教学，这种转变就会更为容易。我们教的是个体的人而不是规范。例如，如果一个孩子喜欢跳舞，我们可以让他用舞蹈动作来模拟牛顿第三运动定律。如果一个孩子弄不明白几个数之和大于另一个数的数学问题，要是他喜欢足球，我们可以用足球场作为数轴来讲解。通过这种方式的教学，我们开始尊重和重视个体，支持他们现在所呈现出的样子，鼓励他们去成为自己想要成为的样子。

点燃学生的“光芒”（S.H.I.N.E）

“点燃光芒”（Ignite Your S.H.I.N.E.）是我在2015年开始的一项活动。在这项活动中，我们重视“光芒”（S.H.I.N.E）的5个组成部分，以协助教育工作者在他们的课堂、学校或学区创造一种“存在”——而不是跟着某个项目。“光芒”（S.H.I.N.E）的5个字母分别代表自我（Self）、心灵（Heart）、启迪（Inspire）、导向（Navigate）和卓越（Exceptional）。前两个字母代表了如何在尊重和重视学生的同时，向他们传达你想让他们学到的东西。自我（Self）强调的是优点、天赋、技能和才能，以及心态、社交情绪健康和毅力。心灵（Heart）是激情和目标的核心。当我们用学生们的强项（而不是缺点）和充满激情的事物作为例子来教他们时，我们会触及他们的心灵，他们会以从未有过的样子来学习。想象一下，当每个学生都认识到自己有弱点但也有长处时，他们会热爱学习，高高兴兴地去上学。长处带来成功的机会，成功构建自信。自信是我们需要帮助学生建立的东西，这样我们的学生就不会通过欺负他人的方式来获得自我良好的感觉，就可以在不冒犯他人的情况下接受反馈，就可以成为有生产力的、健康的、敢于冒险的公民。这一点也适用于教育工作者。如果我们让自己生活在一个比较平均线、与他人进行比较的世界里，我们实际上就建立了一个危险区域。

这就是我们人类会做的事情，我们会比较，我们会以他人衡量自己。我发现我们比较的方式和内容很有趣。这样的事经常发生：我们会看到，一个人擅长某方面，另一个人擅长其他方面，而我们则经常在拿着自己做得不好的那个方面与他人进行比较。我们需要明白，一个人不会经历所有事情，也不会把所有事情都处理得很好，我们很容易会感觉自己不如别人，或者我们不够好。我们要认识到每个人都有自己的优点，采用这种认知方式来代替严苛的自我批判的比较方法；毕竟，我们每个人都有不同的天赋。

不幸的是，美国的教育系统仍然是为普通学生设计的，是让学生们适应工厂工人时代形成的模式。谁胜任办公室工作？谁能在工厂里获得成功？谁适合管理职位？出于这种工厂型的培养模式，我们的学校设置了上下课铃声（工厂轮班开始和结束的提醒）和成排的课桌（工厂的装配线或办公室工作）。而我则选择了在不要求我参加考试的大学获得我的两个硕士学位。它们都允许我用作品集来展示我知道的东西，证明我掌握的知识。但是我们却用考试来衡量学生，用平均分数来比较学生的成绩，告知他们在同龄人中处于什么样的水平。

高中辍学的托德 · 罗斯（Todd Rose）认为："任何以平均成绩为基础

设计的教学系统都注定要失败。”顺便说一下，托德·罗斯，现在是哈佛大学教育研究生院心智、大脑和教育专业的主任。

我们不能让我们的学生不及格，然而每当对学生面临的挑战缺乏共情时，每当没有调整我们的教学以满足他们的社会情感需求时，我们就失去了一个让他们的大脑进入学习状态的机会，这种学习状态是会让他们获得成功的。成功既包括学业方面，也包括生活方面。这些机会可以帮助学生了解我们是如何应对挑战的。我们揭示弱点的做法会给学生们打开一扇窗，让他们看到挑战是如何教会我们人生的一课，看到挑战如何给予我们一个为未来积攒实力的机会。

当学生将自己与平均水平进行比较时，我们要么是提供了一个提升或至少保持同等水平的机会，要么是提供了一个偏离正道的机会。我是愿意永远为学生做一个提高自己的榜样。优秀的教育工作者能够共情学生的感受和处境，进而帮助他们提升，和他们坐在一起，从已发生的事情里去寻找它能给我们带来什么力量。这就是为什么我希望学生们在人生的早期不要太过成功。如果他们在那个阶段没有机会感受失败或受到挑战，而他们在今后也很难去面对这样的情况。因为在他们的生命中，总会有一段或很多段时期还要去经历类似的事情，要是早期缺失受挫与磨难的经历，那到时候，他们依旧不知道该如何处理。在学生的成长过程中，我们可以创造机会，让他们看看学到的教训会给他们带来什么好处，并向他们展示如何在这种情况下提高自己。

我记得，一个2年级学生查理以前常常充满怒气，他甚至不知道该如何控制情绪。他会在教室里扔椅子、推桌子，握紧拳头和咬着牙齿，咆哮着发泄愤怒。在他几次情绪爆发之后，我意识到了他的这个问题。我决定试一试我在杂志上看到的一个方法。我在阅览中心摆了一张桌子，上面放着纯白色的复印纸和蜡笔。第二天早上查理来的时候，我对他说："我们每个人都会生气，会不知道该做些什么来控制这种愤怒。"我告诉他，我也有过生气的时候，人有愤怒这种情绪是正常的，但随心所欲地发泄愤怒是不合适的。我们共度了这段时光，我们吐露心声，还说到了产生这些强烈情绪时的挫败感。也是在那一刻，我们的关系变得更加亲密，因为他意识到他并不孤单，我也意识到他不过是个孩子，正在努力应对我们成年人都很难处理的事情。然后我让他看了阅览中心的那张桌子。向他演示纸和蜡笔用来做什么时，他睁大了双眼。我告诉查理，每次生气时，他要来到这张桌子旁，用力快速地用蜡笔在纸上涂上颜色。如果蜡笔坏了，就再去拿一支。如果纸涂满了，就再去拿一张新的。那天，查理只这样做了两次，就意识到了自己的愤怒是什么时候产生并累积的。那是进步的一天，让他意识到自己在何时积攒怒气是成功的第一步。

为什么平均分不值得再继续

为了让学生在生活中取得成功，我们必须解决学校的一些现有问题。目前美国的教育系统认可和奖励那些考试成绩优秀的考生。大多数学校的开办只是为了给学生们提供分数，以反映其学习能力——这种做法大错特错。想象一下，我要带你去考驾照，这是你第一次考，而且你也从来没有开过车。我在课堂上让你观看关于如何驾驶的电影，并让你练习如何辨别刹车踏板和油门踏板的位置，那么我就相信你应该能够成功驾驶汽车了。如果这是真实的学车过程，那你开车能开得多好？应该不会很好吧。这是为什么呢？因为你没有机会去实践和体验真正的驾驶是什么样的。想象一下，你在教室里练习开车，我根据你的练习每次给出一个成绩。在这里练车的表现会真实地反映出你实际驾车时的表现吗？绝对不会。然而，这就是我们一直以来对待学生的方法。我们给学生学习的各个方面打分，将它们与期末考试成绩整合在一起计算平均成绩，就好像这能真正反映他们的学习情况一样。如果到最后他们真的学好了驾驶，那么最后的成绩就不能反映他们真正的学习。突击测验，超纲的考试，或者就只是考试这件事本身，也不能真实地反映学生对学习内容的掌握和学生运用这些知识的能力。

我们会对实践进行评分，不过大部分都是通过卷面考试进行的。这意味着我们的测评是为那些擅长考试的人准备的。事实上，我们经常把卷面成绩优异的学生称为“聪明”。为什么衡量知识和“聪明”的单位是卷面考试成绩呢？在所有的工作机会中，实际上又会有多少要求求职者参加卷面考试呢？也许有一些，但我相信，如果我们随机列出100个工作，那么需要参加卷面考试的是很少的。所以理论上讲，美国的教育体制是为25%的工作设立的。那另外75%的工作呢？

我们假设所有的工作都需要通过考试才能被录用：100%的工作都需要考试。一个人通过考试得到工作，假设他从16岁开始工作，一直工作到60岁，每3年换一份工作。那么在这44年的工作时间里，因为得到每一份工作都要参加考试，而且每3年换一份工作，他一共要参加15次考试。我们的学制让他们为考试做好了准备，但在其他日子里呢？如果他们并不需要考试，而是要应用和学习知识、创造和创新工作方法、与人谈判沟通和解决问题呢？工作44年就是16060天，期间参加15次考试，也就是说16060天中只有15天是在考试中度过的。显然这是一个极端的例子，但它说明了一点：

> **现在是时候改变这个与现实世界脱节、不为学生着想的教育制度了。**

学生们在学校里所做的大量备考与应试工作并不是他们人生成功的基础准备。你可以通过考试得到一份工作，但如果配套技能和职业道德的培养止步于此的话，那么你就不会长久地拥有这份工作。

以考试为导向设计教育系统，其实不利于学生的全面发展。学生通过考试升入下一年级，通过考试毕业，又通过考试进入大学然后再毕业。在此之后，有些工作可能需要考试，但这样的就业机会在总体中占比很小，尤其是对于那些正涌现出的新岗位来说。我想提醒你们的是，卷面测试是在把学生的成绩和平均水平进行比较。现在是时候改变这个与现实世界脱节、不为学生着想的教育制度了。这说起来容易，做起来难，但也并不是没有希望的，我们可以为孩子们做到的。我们可以开始为此发声，做出任何我们可以做到的小小改变，通过与相关各方开启对话来冲破界限。这是有可能做到的，需要像你们这样的教育工作者站出来为我们的学生挺身而出，与家长和学生们一起发声，一道大声疾呼。

多重考量学生，提供职业体验

一旦我们把考试排除在外，平均化就会停止，教育就会变得更加关注个体。大学也会渐渐开始接受这一看法：佐治亚理工学院、麻省理工学院、杜克大学和加州伯克利大学是提供文凭机会的少数大学中的其中几所。它们允许个人在特定领域学习感兴趣的课程，从而打造一份独特的简历。公司会根据个人经历和能力来决定是否雇用这个人，还可能会让他们根据公司对求职者的要求去拿到一些其他的指定证书。公司可以根据自身需要来招聘求职者，而不是招聘一个与其他人一样有张学位证的人。

就像不是每个学生都要参加考试一样，有些学生在传统的学院或大学读书可能是不会取得成功的，他们可能也没有必要去。让我们来看看传统的高等教育学院和大学。就像前面提到的那样，很多人只是带着一张千篇一律、毫无特色的学位证离开了学校。当然这不是坏事，因为学位或学历证书对于一些职业来说是必需的。然而，我们的世界正在发生变化，许多公司正在非常迅速地朝着推动创新和实现创意的方向发展。正如来福车（Lyft）和爱彼迎（Airbnb）等公司所经历的那样，传统的思维和做法构成的障碍正在被打破。这样的公司越来越多，并将持续增长。现在人们的选择空间非常之大。比如，星巴克这样的公司打破了点购饮品的固有模式，可以定制一杯完全符合你精确要求的咖啡。有一次，我在星巴克点了一份“中杯、脱脂、不加奶油、加两泵糖的超热摩卡咖啡”（是的，这杯咖啡就是专为我这个人制作的）。我们生活在一个迎合个人主义的时代，满足个人主义正成为人们所期待的事。这令我怀疑，只为拿到学位的培养模式是否真的可以推动这个时代的进步。

据美国国家教育统计中心的数据显示，2018年秋季有1990万名学生在美国高校读书。然而，美国劳工统计局报告称，“在2014年，只有约33%的工作要求高中以上学历”。只有33%。不要误会我的意思，我相信高等教育是很有必要的，与纯学术知识相比，更多的配套技能和经验都是通过上大学获得的。但是即便如此，其他可能的职业培养路径也应该被我们同等重视。美国人口普查报告显示，在2010年，只有27.3%的大学毕业生从事与他们所学专业相关的工作。看到这些大学毕业生现在深陷数万乃至数十万美元的债务中，我觉得我们当时应当给他们个机会，让他们自己决定，去读大学对于他们自己来说是否是一个最佳选项。

我得说，在以前上大学是我的梦想。我之前从没想过不去上大学。我希望每个学生都能分享自己的选择，这样他们就可以互相参考，从而做出更明智的决定，而不是说你必须上大学才能获得成功（也就是“他人”定义的成功，诸如声望、财富、生活方式等这些东西）。**这个选择应该是在他们接触过许多领域，了解过许多职业道路之后做出的**。有家叫Thrively的公司已经开始帮助学生们接触职业道路。孩子们可以通过做在线测试，观看视频，参与本地的实践体验等活动，发现自己的优势和兴趣。这样他们能获得更好的方向，知道哪条发展道路可能更适合自己，明白他们想在日后做什么事。让他们有机会了解更多的东西，超越自己对世界的现有认知。

亚当·布劳恩（Adam Braun）创办了更高水平的教育机构MissionU，这是一所非传统的大学，学生们在这里花一年时间学习现实世界的经验，无须预先支付学费。课程由行业顶尖领先者执教，他们目前还都在该领域工作。学费在学生毕业后支付，并且学校会承诺帮你找到一份工作；它不像传统大学，给你发了那张纸后就什么都不欠你的了——但你肯定欠他们东西（比如学费贷款）！顺便问下，你知道吗？2018年“完成美国大学教育”（Complete College America）的研究显示，只有19%的大学新生能在4年后获得学位。你自己算算能拿到学位的人有多少！而非传统大学MissionU在网站上声明：我们对你的思维方式和能力感兴趣，而不是你在标准化考试中得了多少分。亚当和MissionU认为，学生在一次考试中的表现并不能决定他们在生活中的成功。越来越多的传统大学也开始认同这一点。由哈佛大学教育研究生院发起的“共同关爱项目”概述了重塑大学招生过程中所需要的多重目标，以促进共同利益，希望推进和评估道德参与和智力参与。现在，大学录取不再仅仅考量SAT（美国学业能力倾向测验）或ACT（美国大学入学考试）成绩，也考量学生们能否“有效、敏锐地与那些背景或性格和他们不同的人”合作，以及他们如何与之合作。该项目甚至鼓励各大学和学院将SAT或ACT等考试作为非必选项。值得注意的是，目前有66所大学已经认可了这个项目的目标，并已经开始着手应对一些招生变化。

成为学生的启迪者

在各个层次的高等教育中，在各行各业中，这种转变已经开始。为什么我们总是按照固有的方式做事？这个问题已经浮出水面。身为教育工作者，我们也必须开始考虑这一点。更加仔细地研究一下各类政策和“最佳做法”，有助于我们调整直觉和内心经常告诉我们的东西。在不同的领域，人们计算某个事物的平均数，并创造一个基线。平均数一次又一次地被证明是错误的，因为它不能体现出个体的特点，而只是大量数据的集合。把各类数据加起来就只有一种表现形式，但拿它与个体的人相比，体现不出任何一个人的情况。数据是有用的，但如果数据代表一个平均值，它真的能准确地代表我们希望学生达到的水平吗？

回想起几年前和这7位毕业班学生坐在一起的情景时，我被一个学生说的话深深打动了。我分享了我对一所学校的愿景：1）**学校可以接纳学生们的优势和热情所在，将其化作学习动力来激励孩子们学习。**2）**学校每天都可以建立起学生们的信心，让学生们在毕业前就对各种就业机会有所体验，这样他们就可以接触到日后可能从事的职业。**3）**学校也应该是能尝试创新思想和创新想法的地方**。当我继续和他们分享我对学校的想法时，还是一名学生的德文转过身来，看着我的眼睛说：“老师，你一定要让这成为现实呀。你必须要做到。”我低下头说：“我不确定在资金方面如何实现它，这需要很多钱和资助。”他看着我的眼睛，再次低声说道：“有志者，事竟成。你能做到的。”哇，就在那一刻，我知道我不能再对需要改变的事情保持沉默。最棒的是，我不必孤军奋战，我也不想独自面对这件事，不想做一个孤独的改变者或发声者。每一位优秀的教育工作者都必须表明自己的立场、勇于冒险、突破界限，即做对学生们最好的事情。为此，我诚邀你们各位来做一个启迪者。

启迪者专注于帮助个体发现自己的伟大之处，并帮助其认识到如何用自己的伟大之处来点亮世界。启迪者并不害怕进行意见分歧的艰难谈话，启迪者会在意每一个所做决定的核心是否都对学生有利。启迪者会给学生们创造机会去发现自我，探索学习大纲之外的广阔天地，在某些情况下，还会探索学术园地之外的东西。启迪者会通过从犯过的错误、失败的计划或别人的消极态度中寻找学习机会来帮助学生们。启迪者心里明白，同理心是建立积极人际关系的关键，而积极的人际关系又是支持学生获得学业和终身成功的关键。

从专业的角度质疑我们一直以来做事的方法，而不是默默接受某些政策或行动路线，这可能会很困难，不过合理的改变也并不是一个简单的决定就可以促成的。

我知道我在要求什么。从专业的角度质疑我们一直以来做事的方法，而不是默默接受某些政策或行动路线，这可能会很困难，不过合理的改变也并不是一个简单的决定就可以促成的。如果我们选择投身教育行业是因为我们关心学生，那么我们必须在这个迫切需要改变的问题上发声表明态度，采取行动表明立场。这要求学校承认并尊重孩子们的优势和他们的热情所在，认可和尊重孩子本人。这也要求我们打破限制的框架和比较的束缚，看到每个孩子有着怎样的特性，他们又可以成为什么样的人。这是可以做到的，也是必须要做的。孩子们应当被如此对待。

PART TWO

第二部分

运用创新理念
打造教师团队

第5条

提升创新型教师的专业学习

杰弗里·佐尔

成功的学校都有一个明显的特征，那就是学生拥有很高的学习水平。学生学到的越多，这所学校就越好。或许，要想确保学生不断学习和成长，最好的办法是确保他们的教师也在不断学习和成长。课堂教师的素质是影响学生学习的第一要素。教师越优秀，学校办得越好。校领导必须担起责任，为所有教职工提供专业学习机会，帮助他们变得更好。

遗憾的是，近年来，许多关于传统专业学习体验的文章表明，这些经验几乎没有带来任何实际的改善。实际上，美国国家学校董事会协会公共教育中心在2013年发布的一份关于专业学习的报告中指出，大多数教师并没有得到能够真正帮助他们发展的专业培训。他们所接受的专业学习往往是一成不变的一次性研讨会。即便在研讨会中有所收获，在课堂上，他们也很少或根本没有跟进或落实在研讨会中“学到”的内容。好在这未必是一个关乎“时间和金钱”的问题，各地的教育工作者也就不必常常为此哀叹了。该报告还指出，仅在联邦一级，每年就有25亿美元用于教育工作者的专业学习。当然，在时间方面，我们总是可以利用更多的时间，但现有的学校和地区都已在每学年为其教育工作者提供了一定的专业学习时间。在不增加学校目前用于专业学习的资金或时间的前提下，我们还可以做得比现在更好，我们也必须这么做，因为学生的学习效果取决于此。所以我们应该重视成人学习者，尽快为他们的创新性专业学习实践投资。

创新性专业学习引领创新性课堂教学

说起来有点讽刺，我们似乎常常听人说要在课堂上以创新的方式教学。到目前为止，许多教师可能已经参加过相关的研讨会，希望自己在教授学生的方式上变得更加创新。遗憾的是，大部分研讨会显然是以非创新的方式进行的。如果我们想让教师在课堂上创新，就需要让他们以创新的方式学习，仅仅告诉他们要创新还不够，我们必须要为他们引路。所幸我在全美各地发现了一些在创新性专业学习实践方面的绝佳例子，并且几乎所有这些例子我们都可以拿来借鉴。我们可以也应该从这些例子中学习，将此作为教育工作者个性化专业学习的起点，就像我们为学生制定个性化学习一样。但值得注意的一点是，正如不存在为学生设计学习体验的“最佳”方法一样，也并不存在为教师提供学习实践的“最佳”方法。再者，并不是说教职工不能再借鉴目前所有类型的专业学习体验了。我虽然大力提倡以学生为中心的课堂学习，但也承认团体以及直接教学学习体验的重要性，并认为这些应该融入到任何具有创新性的21世纪的课堂中。同样，学区教职工都去聆听主题演讲也没有什么坏处。在演讲中，演讲嘉宾只是简单分享想法，告诉我们如何才能做得更好。在这两种情况下，如果我们只做这些，或者未能对群体教学进行后续跟进，没有为所有学习者提供针对性的后续步骤和差异化支持，问题就会出现。并不是目前我们在课堂上所做的每件事都存在问题，传统的专业学习也是如此，有许多事我们都应该继续坚持做。但与此同时，有些做法我们应该摒弃，而许多事情我们应该着手去做。

动机3要素思考框架和6C思考框架

在计划专业学习时，我们应采用一个总体框架和理念，以指导我们在各个学校和地区提供的成人学习体验。然后，我们应该根据这些总体指导原则，来制订我们的长期专业学习计划。对此，我创建了两种思考框架。第一种，考虑到职场中成人的专业学习体验时，我总是会想到丹尼尔·平克（Daniel Pink）的实践成果，具体来说，就是他揭示了激励人们参与的因素。平克写了很多关于动机的文章，他认为产生动机的三个关键因素分别是自主性、掌握性和目的性。让我们简单了解一下这三个因素，以及如何将这些因素应用到教育工作者的专业学习中：

自主性：是指让教职工真正掌控他们工作的各个方面，包括他们的专业学习。平克建议给予他们以下四种自主权：**时间、团队、方法和任务**。这是改变我们学校和地区专业学习方法的一个有力起点：在设计创新性专业学习体验时，我们应该尽量让教师自主选择**学习时间、学习伙伴、学习方式以及学习内容**。

掌握性：工作和能力上的进步感有助于激发我们的内在动力。在为教育工作者设计专业学习体验时，要观察他们**能做什么**，以此来确定他们**必须做什么**。如果必须做的任务太难，他们会感到力不从心，从而变得忧虑、沮丧；如果必须做的任务太容易，他们会感到无聊，从而无法集中注意力。平克表示，在有意义的工作中取得进步是人们唯一最大的动力。在设计创新性专业学习体验时，我们的设计应该尽可能对学习者有意义，通过挑战使他们变得更好，同时也要考虑到他们目前的能力水平。

目的性：如果人们在意结果，并且该结果比他们预想的要好得多，那么他们就会受到鼓舞，去实现更大的目标，应对看似不可能的挑战。在每学年里，各个学校和地区都面临着各自的曲折起伏。开展这项工作的真正目的，是让这些波动对团队中的教育工作者产生较少的干扰。在设计创新性专业学习体验时，我们应该努力将学习和比教师自身更重要的东西联系起来。尽管数据很重要，但我们要做的不仅是单纯的测量，而是要将这些数字和数据与人，尤其是与学生联系起来，还要与价值观联系起来。我们必须努力帮助这些教育工作者，让他们觉得自己的工作不仅是有所贡献，更是做出了改变。

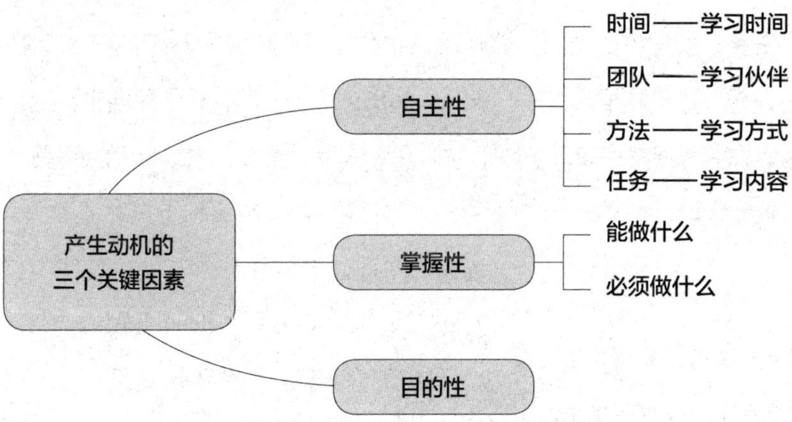

图5.1 激励专业学习动机的三要素思考框架

为了给教育工作者提供创新性专业学习体验，我以21世纪学习的4个

“C”为基础，创建了第二个框架，即6C思考框架。事实上，这6个“C”，**包括沟通**（Communication）、**协作**（Collaboration）、**创造力**（Creativity）、**批判性思维**（Critical Thinking）、**公民意识**（Citizenship）和**品格教育**（Character Education）等。在设计专业学习体验时，我建议把重点放在创新性专业学习的“6个C”上，并在我们试图变得更具创新性时牢记这“6个C”：**选择**（Choice）、**联系**（Connection）、**情境**（Context）、**辅导**（Coaching）、**求知**（Curiosity）和**文化**（Culture）。下面让我们简单看看这“6个C”如何应用到教育工作者的专业学习中：

选择：这与平克对自主性的关注直接相关，简单来说，教师应该对学习内容、学习时间、学习方式以及学习伙伴有一定的选择权。近年来，我们已经听到了不少类似“倾听学生心声”和“让学生选择”这样的说法，以便在设计学习体验时考虑他们的感受。在专业学习方面，我们同样需要积极倾听教师的心声，给予教师选择权。教师自主学习是设计创新性专业学习体验的良好开端。选择权是实现此目标的方式之一。

联系：教师需要与其他教师建立联系，特别是那些同样有职业热情、兴趣、责任心和目标的教师。我曾多次在文章中强调，教师要与世界各地的其他教育工作者保持联系，而欲联系他人以求得专业发展，社交媒体并不是唯一渠道。教师要与自己学校的工作组、各个年级和所在院系建立面对面的联系，还需要与所在地区其他学校的同事和邻近地区的教师加强联系。取得这样的相互联系后，教师会发现有些人面临着和自己类似的挑战，为了取得更好的效果，这些人可能正在尝试各种新的解决方案，那么教师就可以从这些人身上学习

> 创新性专业学习很少是孤立发生的。专业讨论的某些方面不会仅仅止于单纯的合作，其中必定存在某些有意义的联系。

新思想、新观点。创新性专业学习很少是孤立发生的。专业讨论的某些方面不会仅仅止于单纯的合作，其中必定存在某些有意义的联系。

情境：就像我们很少脱离其他专职人员孤立学习一样，当我们所学的内容与实际情境相脱离时，我们也不大可能体验到真正的学习。如我刚才所述，适用于课堂学生的方法也同样适用于我们成人学习者。在课堂上，首先要学习有关某一主题的事实和知识，这样才能理解该主题，进而掌握该主题，达到专业水平。然而，要想真正理解该主题并达到专业水平，关键是为学生（包括教育工作者在内的所有年龄段的学生）提供学习情境。情境成为学习知识和在现实中运用知识的桥梁，比如教室情境。创新性专业学习需要情境。在真实和相关的情境中，教育工作者不仅了解一些知识，还可以利用这些知识去做一些事情。

辅导：在过去几年里，我最受欢迎的博客是一篇题为《教学应该更像辅导》的文章。我在这篇文章中提出，如果我们辅导学生，使他们熟练掌握，而不仅仅是教他们熟练掌握，那么学生会成长得更快，真正获得更多的知识和技能。对于专业学习来说，我们也应该辅导教师，而不仅仅是教他们。辅导包括：给他们留出时间来练习新技能；经常性提供有关教学新技巧的“迷你课程”；回顾之前的学习内容，并增加其复杂程度；最重要的是，根据观察提供反馈，把发现的问题告诉他们，并集思广益，讨论可行的改进措施。创新性专业学习包括给予教育工作者相互辅导的机会，每位教师可以定期转换角色，比如今天做其他教师的辅导老师，明天做其他教师的学员。

求知：不管处于哪个年龄段，学习中最重要的一个部分就是要有发自内心的学习欲望。在课堂上，我们需要培养学生的好奇心。在专业学习中，我们也要努力向成人学习者灌输好奇心。阿尔伯特·爱因斯坦曾就自己的学习指出，“我没有特别的天赋，只有强烈的好奇心”。充满强烈好奇心的教师更有可能发现更好的方法，来解决工作中面临的问题。如何培养教师的好奇心呢？我们自己可以首先表现出好奇，向那些我们正在为其设计专业学习的教师发问，询问他们的教学内容、教学技巧、面临的挑战、取得的成功以及他们那样考虑的原因等，并欢迎他们说出自己的想法。我们还应该允许教师在自己的学习中拥有更多自由，为他们提供探索、思考和提问的机会，以此来激发他们的好奇心。给教师留出特定的思考时间是对教师学习欲望的肯定。创新性专业学习要求学习者有好奇心，不过前提是要得到同样有好奇心的领导者的支持，这样的领导者会欢迎教师提出问题，并鼓励他们探索新的想法和尝试不同思维。

文化：如果没有适当的文化，就别为前面的5个“C”伤脑筋了，因为它们不可能实现。校领导必须共同努力创造一种充满好奇心、联系和选择权的文化。他们必须齐心协力来确保这种文化能够促进情境下的学习，并顾及到所有教职工的辅导问题。一个地区和学校的文化很大程度上决定了专业学习成果和成长速度。创新性专业学习需要创新性文化。这是一种明确并坚持共同价值观的文化，一种鼓励和赞扬冒险的文化。在这种文化中，透明和脆弱是常态而不是例外，希望和梦想得到滋养而非挤压。该团

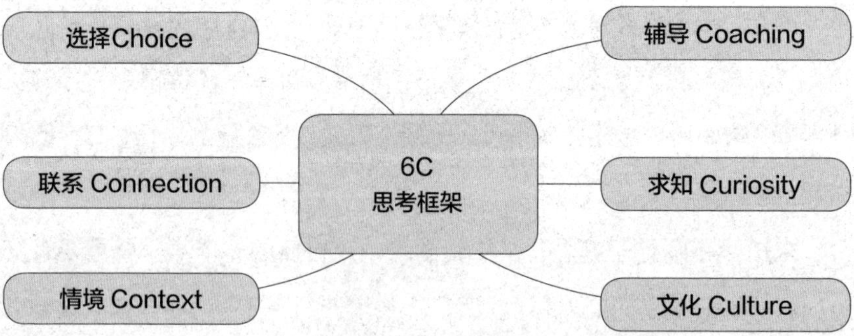

图5.2　6C思考框架

体中的所有成年人都明白，他们学习和成长得越多，他们的学生就会学习和成长得越多。

设计创新性专业学习的10个技巧与对应体验

既然我们已经建立了有效的支持创新性专业学习的工作框架，接下来让我们看看设计和实施创新性专业学习体验的10个具体实用的想法。下文列出的想法中包括我个人在工作过的学校和地区实施的方案，也包括我在访问其他学校时看到的其他学校领导实施过的方案。这些方案参考了平克关于"激励人们参与的因素"的部分理论，以及我自身对创新性专业学习"6个C"理念的重视。

1. **用社交软件聊天。**我猜读这本书的大部分人用社交软件聊天时，至少有一回是出于教育目的的。尽管我相信自己的直觉，但我们也必须知道，绝大多数学校的绝大多数教职工并没有参与过Twitter聊天。如果任其自行其是，他们可能永远不会这么做。为了弥补这一点，我们可以将用社交软件聊天这一任务安排到专业学习日中。最糟糕的结果是，现在每名教职工都只是参与了某种形式的社交软件聊天；最理想的结果是，这至少激起了某些教师的好奇心，他们从中学到了一些东西，并会继续利用闲暇时间参与类似的聊天，从而收获更多。将在社交软件上聊天融入到整体专业学习计划的方法有很多。我接下来要向你讲述一种我在某地区工作时所采用的方法。

可行方案：在为专业学习预留出的一整天里，我们要完成许多重要的事情。根据角色和/或学校分配的任务，不同的教师在这一天会参加不同的课程。但无论角色和学校情况如何，我们都会确保每个人在这一天中能留出时间参与简短的Twitter聊天。我们召集了全区12名已经习惯于主持Twitter聊天的教职工，并将他们两两配对，分配到一天中的6个不同的时间段主持聊天，每次聊天持续20分钟，囊括了当时我所处地区关于“教与学”重要主题的3个问题。每名教职工都要在那天选择参与其中一个聊天，我们确保他们在6个聊天时段中至少有两个时段没有其他职责。我们选择了3个不同的话题，每个话题重复两次，以增加每名教职工参与到他们所选话题中的几率。

当天结束之前，该地区的每名教职工——包括中心办公室教职工、校长、课堂教师、社会工作者、言语语言病理学家和专业辅导员——都参与了Twitter聊天。尽管我们一直鼓励教职工在校外参与Twitter聊天，也一直向他们解释如何做以及这样做的好处，但这是我们第一次在工作时间开展这种活动，因为我们要确保每个人都有机会参与。该地区的大多数教职工从知道Twitter聊天变为了参与Twitter聊天。后期的反馈大多都是正面的，许多人表示他们早想参与这种聊天，但晚上或周末从来没有时间。当然，对于许多教职工来说，这是他们唯一一次参与聊天，即便如此，他们似乎很享受这种体验，并能感受到与其他教育工作者讨论重要主题所带来的益处。

2. **教师之间互相观摩**。这看起来可能不像是一个“创新性”的专业学习理念，但根据我长期从事教育工作的经验，以及在许多州的多所学校任职的经验，教学在很大程度上仍然是孤立的职业。尽管我们大胆尝试合作，大量与同事协作，一旦晨钟敲响，我们似乎就又都进入了各自的空间，去和“我们的”孩子互动，却从未观摩过同事的教学或让同事观摩过我们的教学。作为教育工作者，学习新技能的最好方法之一，是观察和我们从事相同工作的其他教育工作者。教育工作者不限于课堂教师。尽管我强烈支持课堂教师互相观摩教学，甚至要求他们这样做，但管理人员之间的观察也同样重要。这种观摩不能带有评判性质，对于观察者和被观察者来说应该都是有效的。我参与并协助了许多这种类型的个人和团队观摩，事实证明，每个人都值得一试。活动过后，我经常听人说，“去观摩我几个同事在课堂上的行为，实际上验证了我自己在课堂上所做的事情。而且我还学到了很多新东西，以前我从没想过还可以这么做，以后我会在课堂上尝试这些新想法”。

可行方案：将对同行的观察融入到整体专业学习计划的方法有很多。许多学区要么已将伊丽莎白·A. 斯蒂（Elizabeth · A. City）等人描述的“教学随访”（instructional rounds）框架融入到学校计划，要么已将这种做法改良，以更好地适应他们特有的目标。我非常建议学校抽出一天时间，让教育工作者团队访问其他学校，进入该校课堂，进行一系列简短的随访，然后进行反思，同时向他们随访的学校提供观摩反馈。我们还通过一个简单的方法，实现了教师全年观摩本校同事的目标：我们中学的名称缩写是“OMS”，据此，我们提出了一个有关同伴观察的概念，叫做“观察优秀教职工”（Observing Masterful Staff），其缩写与校名缩写相同。每名教职工每月完成一次持续15分钟的同伴观察。随访结束后，观察教师会向他/她观察到的同事提供简单的反馈，反馈分为两类：优点和疑惑。起初，一些教师对这种做法心存疑虑，但它很快就成为学校文化的一部分，也成为了教师间相互认可和学习的一种可行方式。

3. **在学校和地区开办“教育营”式学习**。与在社交软件上聊天类似，我们可能无法将学校或地区的每位教育工作者都带到教育营中去，但我们可以将“教育营”式的学习带给学校或地区的每位教育工作者。通过参加教育营，专业教育工作者可以进行有意义的对话，讨论那些对他们来说重要的话题。

可行方案：将“教育营”式学习融入到整体专业学习计划的方法有很多。以下是在我工作过的地区实现这一目标的其中一种方式：在定期安排的半天专业学习中，我们决定将全部时间用来开展自己的教育营。这个想法在当时是比较新颖的，该地区有十几个人参加了一个官方的教育营，回来后都很兴奋，所以我们决定将开办自己的教育营这一想法提上日程。该地区大约有400名教职工，因此我们安排了20个不同的主题，教职工可以在3个不同的时段中选择参加，每个时段30分钟。下午之前，我们向所有教职工发送信息，试图提前解释开办教育营的初衷以及我们的教育营将如何发展。我们需要进行多次会议，并且有点担心教职工不愿意站出来针对会议主题提出个人想法，所以在活动前，我们邀请了几个参加过教育营的人来预热，让他们带头在台前分享会议主题。事实证明并没有这个必要，因为有几十名教职工早已迫不及待地站出来，围绕会议主题滔滔不绝。在下午活动正式开始前，我们花了30分钟时间提醒每个人注意会议结构，并为当天的专业交流制定时间表。然后，在接下来的时间里，每名教职工选择参加3个不同的会议。下午的教育营引起了积极反响，和我们之前举办过的任何其他专业学习活动的效果一样好，随后有几所学校将“教育营”式学习融入了其学校本位的专业学习中。

4. **进行学生主导型的专业学习**。我当了18年的课堂教师。在这十几年里，我的同事们给了我很多实践方面的指导，而真正教会我如何成为一名好教师的人，是我的学生。现如今我见过的最好的教育工作者，是那些真正在乎学生感受并向学生学习的人。近年来，科技逐渐融入我们的家庭和教室，许多来教室上课的学生，比我们更了解最新科技。这可能给教师带来了压力，但同时也为教师带来学习和成长的绝佳资源。虽然我们向学生学习的方式以及从学生那里学到的内容不需要局限于科技，但了解他们的技术能力和需求往往是一个很好的切入点。询问学生了解什么，能教给我们什么，以及我们如何利用他们的想法来更多地帮助他们，这也是一种向学生表示尊重的简单方式。

可行方案：将学生主导型学习融入到整体专业学习计划的方法有很多。在我到访过的一所学校里，学校领导是这样做的：在活动开始前，校长为即将举行的学生主导型专业发展研讨会设定了情境，将学生和教职工将要做的事情与该地地区目标联系起来，其中包括为所有学习者（包括教师）提供高水平的学习。通过一种有趣且有意义的方式进行角色互换，让学生有机会成为教师，而教师也有机会成为学生。这些5—8年级的学生设计了各种技术主题的小型研讨会，这些技术包括谷歌工具、社交媒体、教育游戏工具、iMovies（视频剪辑软件）、网站设计以及许多应用程序。每个研讨会的时长是20分钟，每位教师参加两个。该校将这些融入到定期安排的“教职工会议”时间。该校组织者挖掘学生感兴趣的领域，在那些领域里学生会觉得自己像个小专家。由于学生更加熟悉数字化产品，并且拥有我们可能不具备的技术经验，因此，如果让学生教教师的话，自然让他们主导关于技术工具的专业学习。该校学生愿意在放学后以小组形式见面来准备他们的讲演，其实他们也可以利用课堂时间在同学面前尝试着先讲一遍。事实证明，这些学生像其他地方的学生一样，一旦有机会做教师，都能够成为尤为有效的学习推动者。

5. **推广协同写作项目**。2017年夏天，我在费城会见了另外9名教育工作者，参加了首个名为 #EdWriteNow 的项目。利用这个48小时的活动，我们几个聚在一起写了一本完整的书。这次经历充满挑战，有趣也有益。每个人都为这个项目做出了贡献，同时对教育领域的具体问题有了更深的认识，并且对其他同伴也有了更多的了解。后来，全美各地几个想举办类似活动的个人和团体找到了我。和其他人讨论得越多，我就越意识到，这样的活动对于任何学校或地区的教育工作者来说，都是一次真实且富有成效的专业学习体验。作为一名前英语教师，我经常强调不仅要学习写作，还要通过写作来学习。对任何主题的写作都是学习该主题的绝佳方式。并且，如果写作项目由多人协作完成而不单单靠个人，学习效果便会加倍。

可行方案：将专业写作融入到整体专业学习计划的方法有很多。以下是一种方法：每年夏天，该地区为该区所有学校的行政人员举行年度领导班子集会。活动通常持续3天，在此期间，各校领导齐聚一堂，反思上一学年的情况，并为即将到来的一年做计划。每年集会的形式基本保持不变，但针对近期的领导班子集会，活动负责人决定做些改变，让参与者利用其中一天时间只进行写作。他们提前为领导班子集会安排一个写作时段，这样每位行政管理人员就可以花一整天的时间写作。负责人给每人设定的目标是写一个2000—4000字的“章节”，以突出他们上一年在各自学校观察到的有效的教学实践，并要求每个人描述这种方法，为什么它有效，它如何在实践中发挥作用，以及如何将其应用于其他学校、其他年级和其他内容领域。这个地区相当小，大约只有35名行政管理人员，但当天结束时，他们创作了一份8万字的作品，里面写满了行之有效的实际教学方法。虽然他们并不打算以商业方式出版这本书，但他们的创作看起来的确十分专业，这份作品成为该区所有教职工的可读资源。虽然这个例子是针对学校行政管理人员的，但不论是同一所学校的所有教职工，还是某学区的指导教练团队，或是任何其他的教育工作者，只要他们想通过协同写作项目聚集在一起分享各自的看法，都可以做到这一点。

6. **借用“天才时刻”的力量**。近年来，出现许多这样的文章，写的是谷歌以及其他公司如何留给员工一定的时间，让他们探寻和从事他们自己选择的项目。这种理念已经被搬到许多课堂中，那里的教师允许学生从事他们感兴趣的项目。这种课堂项目的名称和结构各不相同，但本质上，都是为了让学生在课堂上探索自己的兴趣点并激发他们的创造力。在学校指定的某段时间内，学生可以自由选择学习的内容，并决定如何展示自己的学习成果。通常，适用于学生学习的方法同样也适用于教师学习。任何创新性专业学习计划里都应该包含一定时间的“天才时刻”，在该段时间内，教职工可以选择要做什么，以及如何分享他们通过这段时间学到的东西。

可行方案：将“天才时刻”融入到整体专业学习计划的方法有很多。以下是某位学校领导实现这一目标的其中一种做法：该地区教师“天才时刻”计划的总体框架由以下五个部分组成：

驱动问题：该地区的每名教职工都提出了他们想了解的与

其角色相关的主题，然后想出一个对该主题起驱动作用的问题，这个问题将在这段时间“驱动”他们学习。在指导方针内，几乎任何主题都是可以接受的，它应该：1）有利于学生、教职工或整个学校；2）受个人兴趣和热情驱动；3）对教职工来说是新的学习领域，而不是他们已经学过的东西。

研究：接下来每名教职工将研究他们感兴趣的主题。当然，除了传统的研究方法之外，他们还可以采取多种多样的研究形式。他们要记录在该过程中花费的时间，因为该地区要求在这种学习上投入一定的时间。其中有些是教师自己的时间，不过该地区也在规定工作时间内，为教师留出“天才时刻”学习或研究的时间。

实施：作为对其主题研究的结果，我们期望教职工在自己的课堂上（或在其他情境中，这取决于他们所扮演的角色）实施一些有别于先前的方法。对其中一些人来说，这种实施是一个持续的过程；在其他情况下，实施只在某个时刻进行。这取决于项目本身和其在该地区的角色。

分享：我们期望每名教职工分享他们的“天才时刻”学习成果，但如何分享这一学习成果很大程度上取决于他们个人，可以非常正式，也可以非正式。他们需要与评估者或主管人会面，并填写一张表格，回想他们学到了什么，哪些进展比较顺利，在反思后可能会采取哪些不同的做法，以及任何其他的后续步骤。

评估：在这一阶段，地区从每名参与者那里寻求反馈，询问他们是否认为该计划有意义，可以如何改进，以及“天才时刻”对他们该学年的职业生涯产生了多大影响。

7. **教职工实地观摩**。我们可以从同校一起工作的同事身上学到很多东西，也可以向本区其他学校的同事学习。向其他教育工作者学习时，人们往往会忽略一个方法，那就是去其他地区、学校和教室实地观摩，看看他人是如何解决我们在本区所面临的同样难题的。创新性专业学习计划包括给教育工作者留出时间，让他们观察其他地区教育工作者并与之交谈。

可行方案：将实地参观融入到整体专业学习计划的方法有很多。以下是吉米·卡萨斯在爱荷华州贝滕多夫高中担任校长时，与他的团队实现这一目标的做法：吉米和他的团队将实地参观的想法提升到了一个新高度，将这些活动转化为真正意义上的的教师间交流。吉米多次与贝滕多夫高中的教师们踏上旅途，去观摩另一个州的高中。贝滕多夫教师团队在接待学校的教师家中过夜，然后第二天跟随该教师进入其课堂进行观摩。观摩后，作为回报，贝滕多夫教师团队邀请他们交换高中的教职工在自己家中过夜，然后到自己的课堂上观摩。显然，还有更简单的实地观摩方法，那就是只花一天或半天时间随访邻近地区的学校。然而，教职工与来自不同州的教育工作者共度一夜和一整天，这是一种创新，教职工可以与相距更远的教育工作者接触，并向他们学习，他们身上可能会有更多值得学习的地方。

8. **进行“闪约”式学习**。近年来，我参加了几个基于“闪电约会”（speed dating）理念的专业学习活动，虽然这些活动的形式千差万别，但核心思想都是在短时间内分享许多好点子。当学校或地区开展“闪约”式专业学习时，一般许多教职工都会参加，他们愿意与同事分享自己的好点子，这些同事会挨个倾听每个人或每个组的不同想法。虽然这种场合可以分享任何内容，但我经常看到大家利用这个机会快速共享有关技术工具和应用程序的信息。

可行方案：将“闪约”式学习融入到整体专业学习计划的方法有很多。以下是某位学校领导设计此活动的一种方法：用“闪电约会”教职工会议取代常规的教职工会议。一个相对简单的安排是，请一些教师准备任何话题，然后主持一个5—10分钟的会议。所需的会议数量可能取决于该校的教职工数量。如果有100名教职工，可以请7名不同的教职工分别主持一场时长7分钟的会议，并重复7次。在相邻的几个教室举办这7场会议。将100名教职工随机分为7组，每组大约15人，轮换参与到一场会议中。然后，这些小组轮流参加所有7次会议，中间休息两分钟。整个活动大约只需要1个小时，而每名教职工都有机会了解7种新想法。

9. **举办TED风的演讲**。TED演讲于2006年在加利福尼亚的蒙特利兴起，此后便人气飙升。传统的TED演讲是演讲者用最多18分钟的时间来分享自己的某个想法。在伊利诺伊州迪尔菲尔德的两所中学，教师决定将这一做法作为一种教学创新形式，让学生通过TED风的演讲展示自己对若干英语语言文学的通用核心标准的掌握情况，要求他们进行有效研究、写作和演讲。事实证明，这些项目都非常成功。在观察了学生就各种话题发表的TED演讲后，我建议将这一做法作为教师专业学习的一部分。这个想法是对TED演讲的简单模仿，教职工可以选择自己喜欢和/或有关专业的话题，并在时长最多18分钟的演讲中与同事分享自己的想法。

可行方案：将TED风的演讲融入到整体专业学习计划中的方法有很多。以下是某位学校领导在迪尔菲尔德区的一所中学开展这项活动的方式：校长并没有要求每位教师自己单独规划一个TED演讲，而是决定让每个教师团队合作完成这项任务，共同规划演讲，每名团队成员负责在这18分钟的演讲中介绍其中一部分。校长认为，与要求个人站出来发表演讲相比，这种实现方法不那么令人望而生畏。他要求学校的每个团队（如6年级教师组、体育教师组、学生服务处）都参与进来，并在专业学习时段为他们提供准备时间。在内容方面，他唯一的要求是每个团队与同事分享一些已经实施的对学生表现有积极影响的实践。在演讲那天，我去该校参观，每个团队分享的信息以及他们分享的方式给我留下了深刻印象。最后强调一点，为了模仿这种形式，学校的行政管理团队首先要来做演讲。如果学校领导自己都不愿意参与，更别说要求教师去尝试新的想法了。

10. **为教师颁发专业技能的奖章/资格认证**。在专业学习中，我们往往过于关注脑海中的学习计划，而不够关注教师已经知道的和能够做的事情，以及他们掌握新知需要多少帮助或不需要哪些帮助。与其要求所有教职工参加同样的研讨会，不如为教师设计一些随时随地的学习体验，他们学习新的信息和/或技能，然后运用所学来做一些事情以展示自身掌握程度。一旦他们这样做了，我们可以为他们颁发奖章（电子的或纸质的）或资格证书，以示他们对特定领域的精通。目前，师生的传统证书是他们在学术生涯的不同阶段获得的文凭。在大学阶段，获取这些证书既耗时又昂贵。此外，这些证书并没有清楚描述出获得者真正知道什么以及能够做什么。真正重要的不是文凭本身，而是文凭的获得者因此能做什么。归根结底，我们拥有文凭这一事实并不重要，真正重要的是我们能否掌握成功所需的技能。如果一个人能够掌握这些技能，文凭就是次要的，甚至可能是无关紧要的，并且文凭其实也可以来自教师工作的学校或地区，而不仅仅是来自学院或大学。如果地区为各种各样技能的获得颁发特定的证书，并给予所有教职工随时随地尝试获得这些证书以提升自己的机会，结果会怎样呢？如果教师可以通过证明自己掌握了新知识和新技能来提高工资待遇，而不是凭借另一份经过一定上课时间、达到所需学分后所获的文凭而提高，情况又会怎样？回顾我个人取得硕士、专家学位和博士学位的历程，这是一段大多数传统研究生水准毕业生要经历的教育课程。相比之下，我认为教师提升自己的专业学习可能比这种学习方式更有效率和效益，也更切合实际。为获得新技能的教师颁发奖章或资格证书，或许是认可他们专业成长的一种创新方式。

可行方案：将为教师颁发奖章/资格认证融入到整体专业学习计划的方法有很多。以下是我在伊利诺伊州迪尔菲尔德担任副主管时推行的一个范例：我们在资格认证方面的尝试始于一个我们称之为“迪尔菲尔德大学”的专业学习平台。在该平台上，教职工可以自愿学习某一主题，运用所学知识做一些尝试，然后提交学习证明，由此获得奖章和奖励积分。我们首先确定了该地区的5个关键学习领域，并将这5个领域称为“大学”中的“校区”。对我们来说，这5个校区包括：技术工具、基于标准的评分和评估、社交–情感学习、基于项目的学习和基于标准的单元设计。在每个校区内，我们设计了6门课程供教师选择尝试。对于每门课程，我们明确了希望教职工掌握的关键知识和技能，然后确定了衡量是否掌握这些知识和技能的方法。虽然每门课程都是唯一的，但我们的目标是让每门课程的“学习”部分不超过一个小时。此外，每门课程都有一个“实践”的部分，在时间投入上有所不同。我们创建完总共30门课程后，就在一个安排好的专业学习日推出了这一理念。那天，我们创建了一门特殊的课程，可以在当天完成，因此该地区的每名教职工都获得了至少一个迪尔菲尔德大学奖章。之后，该项目完全是自愿性质的，教师只需选择是否参加即可。在此过程中，如果某教职工在一个校区内成功完成了所有6门课程，我们会适当给予奖励；如果某教职工完成了所有30门课程，即可视为从迪尔菲尔德大学“毕业”，那么他/她将会获得大奖。虽然该项目是自愿的，但我们对参与情况感到满意，因为超过一半的教职工获得了5个以上的奖章，还有7名教职工在第1年就获得了所有30门课程的奖章。

教师的个性化学习

以上10个例子描述了如何为教育工作者提供创新性的专业学习体验，但这只是冰山一角，此外还有许多其他已经在各个学校和地区实施的优秀想法。这些想法之所以具有创新性，是因为它们考虑到了平克的动机理论，并融入了一个或多个创新性专业学习的“6个C”理论。虽然每个“C”都很重要，但或许最重要的是“**选择权/自主权**”。值得庆幸的是，允许教师选择学习内容、学习方式、学习时间以及学习伙伴，可能也是“6个C”中最容易解决的一个，我们只需要将其变成现实即可。任何研究过“专业学习社区”理念的人都知道，在设计教学和分析评估时，我们必须不断问自己两个问题：1）**我们希望所有学生都知道并能够做到什么；** 2）**我们如何判断他们是否知道**。地区和学校行政人员在计划专业学习体验时，很可能也会问每位教师这两个问题，但问法略有不同：1）**我们希望所有教职工都知道并能够做到什么；** 2）**我们如何知道他们是否学会了**。

期望学校或地区的所有教职工学习必要的特定新技能，以便成功实施学校和地区计划并完成任务，这始终是合理恰当的。我们不需要淘汰所有现有的传统专业学习目标、模式或信念。然而，我们也必须考虑用更多的创新方法来培养和激励我们的教育工作者，帮助他们成长。尝试创新时，一个简单的出发点是，对这两个问题稍微做一些改变，问问我们地区或学校的每一位教师：1）**有什么新东西是你想学习并且能够胜任的**；2）**一旦学会了，你将如何向我们展示你所学的东西**。

简而言之，我们需要为教师做那些我们经常要求教师为学生做的事情——个性化学习。定义学生“个性化学习”的方法有很多。我最喜欢的应该是盖茨基金会对此给出的定义，只需改变几个词（我冒昧在括号中添加了个别词语），我们也得出了适用于专职教师个性化学习的定义：个性化学习旨在通过特定教学环境来加速学生（教师）的学习，如制定学生（教师）学习内容、学习时间、学习方式以及学习地点，以满足每名学生（教师）的个人需求、技能和兴趣。学生（教师）可以自主学习，同时也可以与彼此、他们的教师（同事）和其他成年人（在他们的“个人学习网络”中）建立紧密的个人联系。

要想让课堂更有创新性，我们在为教师设计学习的方式时就必须更具创新性。我们可以做到。我们也必须这样做。让我们共同努力，把这些专业学习的方法变得更具个性化吧。

第6条

用12个措施创新招聘工作

吉米 · 卡萨斯

只有两种改善学校的方法：招聘更好的教师或提高现有教师的水平。

——托德 · 威特克尔

即使对经验最丰富的领导来说，领导一所学校也可能是一项棘手的工作。我们对教师表现的期望，我们如何激励员工精益求精，更重要的是，我们自己怎样树立优秀的榜样，所有这些都会产生影响。如果我们希望扩大影响范围，以便为员工和学校创造成功的条件，那就尤其如此。

对一些学校来说，每年有无数教师退休、辞职，在某些情况下，还有预算削减。对其他学校来说，入学人数可能正在增加，从而为新员工提供机会。不管人员增加的原因是什么，我们所知道的是，这些变化最终会影响全美各学区的人员配备计划，为我们创造新机会引进一批新员工，来积极地或（如果我们不小心）消极地影响我们的校园文化。

学校领导应视其为千载难逢的机会，而往往在很多人看来，这是个繁重的工作。引进新员工，特别是在一学年的最后几个月，会增加学校管理者的压力，在人员流动率高的时候更是如此。每次招聘都有很多程序，以确保引进优质新员工；每道程序都需要越来越多的时间，因此，有时我们急于完成招聘过程。具有讽刺意味的是，尽管大部分学校和学区负责人都认为，为了极大地增加学生成功的机会，没有什么事情比招聘最好的教师更重要，有时我们会忘记这一观点，因为每天我们都有大量其他的工作要做。这样一来，我们就忘记了这个简单但最重要的基本思想：

作为学校领导，我们最重要的责任是招聘最优秀的人才，然而，从重要性上来说，这仍然是我们投入时间最少的方面。

如果以上描述是你目前状态的准确写照，那么我们必须开始自问：为什么要采取充其量也就一般的做法，尤其是当我们知道这会对学生及其成绩水平产生持久影响？如果你仍在阅读本章，也许是因为你不想再满于现状，你准备采用新方法以改进招聘新员工的工作。

几乎是10年前，与我共事的行政管理团队决定从不同的角度思考：作为团队，我们该如何进行招聘，最终促使我们改变了做法，因为我们知道要想让我们的校园文化提升到更高的卓越水平，就必须开始思考并采取不同的行动。这种新方法要求我们改变思维模式，更重要的是改变行为。由校长领导并以身作则，这种新模式包含以下做法：

- 更多关注人际关系，让每位应聘者的面试经历个性化。
- 效仿支撑我们核心信念的行为，激励其他人也这样做。
- 设定高期望的标准，期望自己和应聘者都表现出色。

这一过程背后的前提是让每一位申请、接到电话通知和/或参加过面试的应聘者都说："我希望能为那个行政管理团队工作"和/或"我想在那所学校工作。"这就是我们的思维模式，我们想在招聘过程中尽自己最大努力给应聘者留下这样一个持久的印象，更重要的是，提供一种独一无二的体验，这种体验会鼓励最优秀的应聘者想成为我们学校的一员，推动我们更上一层楼。以下12个措施是我们每次招聘时所采取做法的框架。

措施1：初次联系就转达关键信息

如果校长们要说人际关系是所有工作的基础，我们相信在谈及决定学生和员工的成功的因素时，没有什么比它更重要。那么我们必须要在招聘的初始环节就不只谈论人际关系的重要性，而要在初次联系时就实实在在地做到这一点。在设法节省时间的高科技时代，许多学校转向借助技术工具与潜在候选人进行电子联系，包括通过电子邮件确认简历投递已完成或收到、进行背景调查、发送面试时间表，以及进行面试后的通讯联系。这种做法违反了培养人际关系的基本原则，因此，向应聘者发送的信息也含糊不清。当校长或其行政管理团队成员给应聘者打电话时，就让他/她感觉到其激情与热情，这一做法会为候选人提供与你主动建立联系的机会。当校长第一次给应聘者打电话时，这就向应聘者传递了重要信息，即校长对自己的工作充满热情，她/他愿意做一些不含在本职工作内的一线工作。

当校长第一次给应聘者打电话时，这就向应聘者传递了重要信息，即校长对自己的工作充满热情，她/他愿意做一些不含在本职工作内的一线工作。

措施2：保持灵活变通

重要的是，我们要确保在招聘过程中保持灵活性，特别是在安排面试时。不要把应聘者限制在特定的一天或一个时间段里，而是要考虑给他们更多选择。如果应聘者表示你提供的时间段不合适，那就跟他一起确定一个合适的日期或时间。做事死板和不提供其他选择反映出我们工作的不力，而且会传递这样的信息："这是我们的事情，而不是你这个应聘者的事情。"在我之前工作过的一所学校里，如果应聘者不能在规定时间内参加面试，我们就简单地接着通知下一位应聘者。回顾这些经历，我现在认为我们之前的做法很糟糕。

让我们保持灵活性，并传递这样的信息：这不是我们（学校）的事情，而是他们（应聘者）的事情。

措施3：让应聘者舒适自在

一旦面试安排好，我们应该提供尽可能多的信息让应聘者感到放松。这可能/应该包括谁会参与面试过程、面试时间长短、面试涉及内容、面试问题数量、应该准备什么、在哪里停车以及从哪里进入大楼，等等。

主动提供必要信息，让应聘者放松，让他们展示自己最好的一面。

措施4：帮助候选人赢得岗位

面试开始之前，让应聘者知道第一个问题，以便他们放松。类似的问题可以包括："谈谈你自己：你为什么应聘这个职位？"或"你最喜欢教学的哪一方面？以及你是如何年复一年地保持教学热情的？”我们应该花时间试着推断应聘者的热情所在，他们为什么做自己所做的事情、谁或什么事情激励着他们，教学过程中他们最享受什么，以及他们继续面临的挑战。这样一来，我们就可以从更加个性化的角度了解应聘者。

了解应聘者的个性，聆听他/她的故事，以便与他/她进一步建立关系。

措施5：安排试讲环节

对应聘者的期望之一是，让他们上一堂课来展示其与学生沟通的能力。课堂时间长短不一，但我建议在30到45分钟之间。让应聘者跟班主任联系，获得有关这个班级的信息，包括当前所教内容和主题，学生过去和当前在学习上的难点和成功的细节，以及所有其他相关信息，包括班级规模、教室布置、可用的技术等。重点不应该只放在授课上，同样重要的是，也应关注其是否具备以真诚的方式与学生沟通的能力，让学生希望教师能再给他们上课。在建立让学生感到受欢迎和受到重视的氛围时，我们必须对应聘者保持与我们自己相同的高标准。这点要向所有的应聘者表明：你想让他们成功，要认真倾听学生的心声，尤其是与学生沟通时。这会帮你判断应聘者是否有“学生第一”的思想。

> 要认真倾听学生的心声，尤其是与学生沟通时。这会帮你判断应聘者是否有“学生第一”的思想。

措施6：组建高效的招聘团队

我们经常不会花大量的时间来考虑谁应该加入面试组，而是按照我们一贯的做法。例如，招聘一位数学教师？让所有的数学教师都加入面试组。换掉一位4年级的教师？我猜我们应该会让整个4年级的教师团队都加入这个面试组，对吗？完全没有必要。也许我们需要更有战略眼光，花更多的时间思考，谁加入面试组更有意义，而不是仅仅遵循我们一直以来的做法。一种观点是选择一个由你认为是最好的教师组成的团队。毕竟，我们为什么不让最优秀的教师来帮我们发现最佳教师所拥有的优秀品质呢？或者，让各个群体中拥有不同技能的人参与进来，以帮我们确定学校教师团队所欠缺的东西，而新候选人可能具备这些，这或许是个好主意。另外，我们是不是应该确定哪些员工要与应聘者密切合作，从而在招聘过程一开始就培养更强的团队意识？例如，也许在换掉那个4年级的教师时，与其让面试组包括所有4年级的教师，不如从3年级的教师和5年级的教师的队伍中各选出一位加入到面试组，这样可以帮我们创建一个更加团结和有凝聚力的教师团队。我们可能还需要考虑让顾问、指导教练甚至特殊教育教师都加入进来，以充实这个团队。

选择不同的有资格的教师群体来组成面试小组，以建立关系更紧密的教师社区，而不是继续采用过去的简单做法。

措施7：明确咨询委员会的角色和职责

有没有想过为什么有些员工在面试团队工作结束后会有种被抛弃的感觉？在这一过程中，我的经验告诉我，这是因为作为一个行政管理团队，我们没有和面试团队明确以及沟通好其角色和职责。由于没有事先说清楚，我们无意中给招聘团队留下了这样一种印象：他们将决定接下来应该招聘谁。我想说的是，校长最重要的职责是招聘员工。这一职能绝不应让给教师组或委员会。需要员工参与到新员工的招聘工作中来吗？当然。但他们的角色应该仅限于提供反馈，帮校长决定他/她的下一轮新员工招聘要如何进行。这样想吧。首先，教师们从来没有接受过如何招聘员工的培训，所以在他们没有经验的情况下，为什么要把责任推给他们呢？其次，我不认为教师会参与评估和改进、监督教学进度，或解雇教师的工作。而校长会做这些。所以如果校长要承担这个重任，那么难道我们不应让他们最终决定来招聘谁吗？

在准备组建咨询委员会，以便提供对潜在候选人的见解和反馈时，校长必须事先进行沟通，并明确表示委员会的作用不是选出下一个候选人，而是仅仅根据他们在面试过程中跟应聘者的交流互动，分享他们对应聘者的优势、才能和缺点的见解、思考和意见。当我们遵循定义明确的招聘流程，并事先与参与该流程的员工沟通，使其明确其角色和我们的期待时，我们会得到更好的结果。如果我们计划让员工参与招聘（我坚信应该这样做），那么我们必须在这一过程中提供更好的指导，以便清楚地沟通、理解，并在招聘过程开始之前得到所有成员的积极响应。

措施8：公正透明的应聘流程

我们必须为招聘过程制定方案，然后认真执行。面试多名应聘者时常犯的错误是，没有制定公平讨论候选人的议事规则。我们经常允许委员会成员在每次面试后以非正式的方式讨论候选人，这样往往会使一些成员受我们必须保证应聘过程公平公正，所有在场和参与的成员都以公正、透明的方式对所有应聘者进行讨论。

到其他成员的影响（正面的和负面的）。当委员会成员被视为权威领导者，或在更糟的情况下，被视为具有威慑力的人，并对他人产生负面影响时，这会产生问题。我们必须保证应聘过程公平公正，所有在场和参与的成员都以公正、透明的方式对所有应聘者进行讨论。

措施9：不要给候选人排名

在所有应聘者都进行了面试，每个人都在场的情况下进行讨论，每个人都有机会表达自己的想法、意见，并给出对每个应聘者真实的反馈时，就**不应该**允许对应聘者进行排名。如果允许，会导致委员会成员之间产生分歧。

思考这样一种情况：委员会中的一些成员将候选人A列为他们的第一选择，一位成员将该应聘者列为第三选择，而其他成员都将候选人A列为第二选择。现在，假设这个候选人最终通过排名系统选出，那么行政管理团队就让委员会成员之间产生了分歧。在这种情况中，将应聘者排在第三位的委员会成员会非常失望，因为我们选择了他们列为第三名的应聘者。甚至那些把该应聘者列为第二选择的人也会心情苦涩。

通过遵循对应聘者进行排名的招聘流程，我们开始创造一种基于赢家和输家的分裂文化。更好的应聘流程是在共同的评分标准上包含一个问题："你能和这个人一起工作吗？为什么能或为什么不能？"或"这个人适合我们/你的团队吗？"这样可以进行更多讨论，让委员会成员分享候选人为何可以/无法与该团队合作的原因。通常，委员会成员会选出不止一位他们认为很合适，或可以成为团队一分子的候选人。不管校长最终选择谁，委员会成员都会心满意足，而且他们对任何一位选中的应聘者都很满意。

始终避免可能会让参与者对最终结果不满意的招聘过程。

措施10：做好背调工作

当前，许多地区使用一组标准问题进行背景调查。问题可能包括对候选人的出勤、整体表现、判断力、优势、改进领域等进行典型询问。然而，进行背景调查时最常见的问题包括："这个人有资格被重新雇用吗？"或"如果有机会，贵校会考虑续聘吗？"根据我的经验，我不认为以上任何一个问题是我们想问的恰当问题。我理解为什么要问这个问题，但我认为可以用更好的方式来表述这个问题，以帮助我们决定是否要让这个人加入我们。在用以上的方式提问时，你可能会得到"是"的回答，不是因为回答者想要重新聘用他们，而是因为他们别无选择，不得不重新聘用他们。这种情况发生在那些资金有限或合格候选人稀缺的学区。在这些情况下，这些学区相关人员对这两个问题的回答都是肯定的，不是因为他们对重新聘用员工的前景感到兴奋，而是因为他们的选择有限。

更好的问题应该是这样的："如果你要在其他学区担任新职位，你会主动聘用这个人来你的新学校工作吗，你会强烈地认为必须让他成为你的员工吗？"对这个问题的回答可以让我更多地了解他们的自信程度，以及想让这个人继续留在团队中的期待程度。

此外，在要求进行背景调查时，我会使用以下招聘策略。假设我们要招聘一名7年级的社会研究教师。我会问："你们学校有多少名社会研究教师？”一旦得到回应，我就会让他们把候选人和学校里的其他社会研究教师进行排名。理想的情况是，他们会以明确的排名第一来回答。毕竟，谁会想要一个排名第四的社会研究教师呢？我们想要他们最好的教师，所以希望对我们问题的回答会是响亮的第一！

最好的背景调查是做背调的人通过询问更多的后续问题来更加深入地探究问题。始终注意那些笼统的回答，比如他/她“很优秀”“很棒”“家长很爱他/她”，以及“孩子们看到他/她离开很难过”。我们有责任在进行背景调查时提出合适的问题。

准备好接着问“为什么”，以及对这一回应给出另一个“为什么”。让他们举个例子。甚至可能最后再来一个“为什么”。

措施11：真诚反馈所有应聘者

我坚信，无论是否提供职位，都应给所有参加面试的求职者打电话。如果你自己或所爱的人曾经面试过一个从来没有跟进电话的职位，你完全知道那是什么感觉，那么为什么要给我们的应聘者留下同样的空虚感？我们绝不应该允许这种情况发生。简而言之，所有应聘者都应该接到电话。

我们有职责去帮助那些落选的人，并就他们为什么落选提供诚实的反馈。这是我们最起码能做的。如果你认为一位应聘者具备在课堂上取得成功的关键教学技能，但出于某种原因，此人未能在你们学校求得一个职位，那么我认为我们需要进一步去帮助那个人，跟他进行一次详细的后续交谈，就他可以怎么做给出你的意见，以增加他下一次求职成功的可能性。

在某些情况下，我认为我们可以进一步联系我们的同事，为他说几句好话。当一个未来的教育工作者有能力和潜力成为一位伟大的教育家时，我们需要尽一切可能支持他/她。反过来，这也是支持我们的职业。不管课堂在哪儿，我们的课堂需要优秀的教师。

当一个未来的教育工作者有能力和潜力成为一位伟大的教育家时，我们需要尽一切可能支持他/她。反过来，也是支持我们的职业。

措施12：抢夺人才资源要主动

当你准备打电话给应聘者提供职位时，也需要特别注意。很明显，打这个电话比打电话告诉别人他们落选要容易得多。在做这个打电话决定的时候，重要的是要考虑到，在大多数招聘过程中，如果投入了大量时间，我们已经对应聘者有所了解。然而，我们经常忽略的一个事实是，招聘过程不会给应聘者太多了解我们的机会。因此，最后一步相当关键，并且在提供职位时不应被忽略。在提供职位之前，我们必须主动在最后时刻邀请应聘者再次来学校（在合理的情况下，如果不合理，那就打一个后续电话）。通过提供此机会，你就给了自己跟应聘者相处的时间，让他们在个人层面上了解你。

当我回想起托德·威特克尔在本章的开篇语录时，我想到这样一个问题："还有第三种改善学校的方法吗？"也许第三种解决方案隐藏于我们招聘新员工的方式之中。当我们真正有意识地运用我们的方法，并专注于没有什么比建立关系更重要的基本信念时，那么我们就有责任，更好的是，有义务塑造我们认为是任何优秀文化的驱动力的核心行为。当我们致力于投入精力给应聘者并为其提供有意义的经历时，我们会让校长分享自己的核心价值观，以便应聘者真正理解他/她的愿景和期望。最终，我们会选出一个更好地理解我们，并更愿意为我们工作的候选人。如果他们没有那么幸运，未能得到这个职位，我们的行为方式会让他们在回顾时说，“我太想要那份工作了！”在招聘过程中储备的越多，我们的投资就越有可能获得积极的回报，我们的学校社区就越有可能获胜。

第 7 条

从失败中激发出创新

卡特里娜·基恩

通常，我们会把我们的成就归功于生活中一个积极的榜样。毕业演讲、婚礼、主题演讲和一份新工作常使我们想起那些曾经帮助过我们的人。然而，我恰恰相反。事实上，夺走我对教学的激情、精力、信心和快乐的人，就是我今天要感谢的人。

在我的教学生涯早期，我认为自己是一个“前沿教育家”。我觉得自己很有创新精神，因为我早在20年前就在课堂上使用了视频会议。与学生们分享爱、知识和技术专长给我带来了极大的乐趣。当那些还在上幼儿园的小小“技术专家”要求有更多的时间学习电脑知识，或者回到家告诉爸爸妈妈他们今天创造或设计了什么时，他们洋溢在脸上的微笑和兴奋使我欣喜万分。我觉得自己战无不胜，因为我用技术改变了学生的生活，而且通过努力获得了我的教学技术硕士学位，学习到了更多。

拿到学位后，我换了几个不同的职位，其中一个是技术教练。与教师共事3年后，我发现我很想念学生和教学带给我的兴奋感。于是，我在一个新的地区重新开始教学，担任1年级教师。

暑假结束时，我来到了新教室。我迫不及待地想把我的新技术“经验”带给我的学生。环顾教室时，我看到的是旧课桌、破椅子和一张用来导读的桌子。我在柜子里和每个角落里找了又找，找不到一台电脑。因为我是新来任教的老师，所以我去问年级主任在哪里可以找到电脑。她告诉我，我们没有电脑，因为我们不需要用电脑教学。作为一个公认的创新者，我对这个消息感到难过，但我知道我必须解决摆在我面前的问题。扬尼格·罗斯（Yannig Roth）曾说过：“创新者是做事的人，而不是思考本该做什么的人。”我搜寻了在线旧货市场，为学生找到了计算机以及新桌子。我找到了4台旧的iMac电脑和6张圆桌，然后把它们买了回来。我把它们全部装在货车上，迫不及待地想回到学校把它们安装好。几个月前在我接受这份工作的时候，我就已经在构建我想象中的创新教室了。

技术不是创新课堂的唯一形式

> 教育工作者经常问我，他们怎样才能在课堂上更具创新性。他们着急忙慌地将技术视为创新的唯一形式；然而，创新型教师会为学生提供各种方式来表达他们的创造力和想法。

法拉·纳兹（Farah Naz）和哈桑·索哈伊布·穆拉德（Hasan Sohaib Murad）认为：“创新教学的重点在于相信每个学生都有能力学习并在生活中取得成功。”他们接着说道：“教师应将每位学生视为有独特个性特征的人，这些个性特征可以通过创造性和创新性的教学方法加以完善。”教育工作者经常问我，他们怎样才能在课堂上更具创新性。他们着急忙慌地将技术视为创新的唯一形式；然而，创新型教师会为学生提供各种方式来表达他们的创造力和想法。我同样选择了把技术带进我的课堂，但我不断地意识到，除了使用技术，学生们都应该对如何展示他们的学习方式具有话语权。尽管我的学生总是可以用其他方式来证明他们的学习，但是他们似乎还是最喜欢运用技术来分享他们的学习和体验。

学习空间设计离不开学生

我不确定该如何处理教室里的旧课桌，但我还是找机会把它们推到走廊里，为新桌子的摆放腾出空间。我把学生分成小组，这样他们就可以合作进行项目。我无法理解让学生分别坐在一张张的课桌后，因为这感觉又老套又沉闷，而且极度以教师为中心。当时我对学习空间和课堂设计研究的还不多，但我知道什么可以让学生表现优异。借用菲利普·D.朗（Phillip D. Long）的话来说："强调学习本身，意味着我们也必须考虑学习者。"朗还说道："学习空间不仅仅是为一些被认可的活动提供场地；相反，它们是在为人们**提供多种环境**。提供食品饮料、舒适的椅子和支持各种学习活动的用具，正成为设计学习空间的关键因素——即第二种趋势的表现，将人的因素作为学习空间设计不可或缺的组成部分加以考虑。"

我用6张桌子中的一张作为计算机站，还把4台电脑中的1台放在我的导读台上。我想要与我的学生一起工作，指导他们使用技术，因为他们在幼儿园还从未接触过技术。

学年伊始，我想让我的1年级学生告诉我更多关于他们自己的事情。因此我在购买的4台新电脑上安装了一个叫Kidspiration的思维软件，它是

“面向K-5学习者的跨课程可视化工作区”，并让我的学生建立一个介绍他们自己的网站。纳兹和穆拉德认为，“重视学生并助力他们成功的一个重要部分在于了解他们”。这项活动不仅让我更多地了解了每个学生的情况，还能评估他们对字母、字母发音、句子结构的掌握程度，甚至评估他们的个性。我们对这个任务很感兴趣，使用导读台上的电脑初创他们的网页，然后转移到计算机站来完成他们的网页制作。网站建好后，我的学生问我是否可以把它们打印出来，挂在“开发日之夜”的大厅里。他们对此感到自豪、激动，并准备迎接新的活动和挑战。

创新扩散理论：接纳技术的5个阶段

埃弗雷特·罗杰斯（E. M. Rogers）的创新扩散理论探讨了行政管理人员和教师如何看待学校的技术采纳与整合问题。罗杰斯提出了一些看法，说明为什么某些技术创新可能会也可能不会被采纳。他指出，在一个人接纳一项创新之前，他或她要经历5个决策阶段，这5个阶段决定了他或她对创新的态度。表7.1总结了创新决策过程涉及的各个阶段。罗杰斯认为，当“充分利用创新作为最佳行动方案的决定作出时”，创新就会被接纳。

表7.1　接纳创新的5个决策阶段

阶段		情况
第1阶段	知晓	接纳者了解创新如何工作
第2阶段	劝服	接纳者对创新形成评估
第3阶段	决策	接纳者参与决定他们接受还是拒绝创新的活动

（续表）

阶段		情况
第4阶段	实施	创新被接受并投入使用
第5阶段	证实	接纳者询问他人意见，确认或撤销创新决定

资料来源：罗杰斯《创新的扩散》(2003年，第177页)

从小时候起我就对新技术堪称“了如指掌”，对老技术也一直很好奇。我记得我玩过爸爸的八音轨播放器和唱片机，觉得它们太棒了。当CD激光唱片问世时，我很惊讶，通过邮购应用买了尽可能多的激光唱片。回首往事，我觉得我很幸运，家里和学校都有电脑。早在1985年，我的老师就把我们班带到计算机实验室，将故事打印出来，再装订成册。直到今天，我所有的书都还在。

我的创新天性应当归功于父母和老师。我经常轻松地走完创新的5个阶段，因为新技术及其应用让我兴奋。我从未想过不与我的学生分享新技术，我总是挑战自己，在课程、标准和教室空间上寻找新的方法来应用这些技术。这一学年，我教1年级的课，给学生买了新电脑。我没有想到，其他教育工作者，包括我的主管，并没有像我一样接纳新技术和新方法。我以为所有的教育工作者都希望在课堂上使用新技术，并研究将其整合的方法。

克服独自坚持技术的窘境

我在走廊里挂了几张Kidspiration软件制成的思维导图图片，两周后我在教室接到了一个内部通话系统的电话。校长秘书让我到办公室开会。当我到达会场时，迎接我的是整个1年级团队，包括校长、副校长和阅读专家。我不知道会议是关于我的。他们质问我挂在走廊上的照片是怎么一回事，并告知我，技术“不是这所学校要的东西”。布鲁斯·谢泼德（Bruce Sheppard）和让·布朗（Jean Brown）曾经指出：“科技已经成为学龄学生生活、社交、游戏、工作和学习的常规组成部分；然而，大多数公立学校的课堂似乎基本没有什么改变。”

当听我的团队和校长讲话时，我脑海中浮现的只有我的学生。他们为自己的网站努力付出，并期待着下周能有更多的技术来学。会议结束时，他们要求我把电脑和桌子从教室里搬出来，用“传统的方式”上课。我感到震惊，不知所措，也对刚才发生在我和我学生身上的事情感到困惑不解。

就像杰森·尼本（Jason Neben）曾说过的那样，“社会成员接纳新事物所需的时间不尽相同。有些创新成果可能要经过几年的时间才能被接纳，而另一些则可能需要几十年”。在课堂上加入网页创建软件在当时的我看来并不是什么创新之处。在视频会议被引入教育领域之前，我就已经在其他学校和学生开视频会议了。但我意识到，创新并不总是以相同的速度被接纳，特别是在教育方面。对我来说简单明了的事情，对我的团队和行政管理部门来说都不是那么简单。吉拉德（Gillard）和同事得出结论：3%的教育工作者（称为技术人员）会最先采用新技术；接下来是10%的教育工作者（称为远见者）倾向于追随3%的教育群体，接纳他们所用的新技术；然后是35%的教育工作者（称为易于接受技术的人）是下一个接纳新技术的群体；另外35%的教育工作者（称为怀疑论者）需要被说服才使用新技术；最后17%的教育工作者（称为落后者）会反对采用新技术，并且永不接受。

这一学年剩下的时间对我来说很艰难，我在团队和行政管理部门的监督下上课。他们要确保我不使用也不引进任何可能改变本校教师教学方式的新技术。团队领导让我把旧课桌排成排，“再教育”我如何像她那样上课。我感到孤独，常常在午饭时哭。我觉得自己无处可去，没人给我答案和支持。

虽然那是2009年，但我迟迟没有以有益于我的心理健康和职业幸福的方式使用Twitter和其他社交媒体。回首往事，我希望我当年和世界各地的其他教育工作者联系起来，认识到课堂上不使用科技对我的学生损害极大。正如古尔马克·辛格（Gurmak Singh）和格伦·哈达克（Glenn Hardaker）所说：“社会网络成员之间分享经验、价值观和规范，有利于信息的传播与采纳。”我质疑我所知道的关于教学的一切，怀疑我是否应该成为一名教育工作者。在学年结束时，我决定不再回到学校，并且决定完全离开教学岗位。我在附近的一家私立幼儿中心做了一份执行董事的工作，在那里我学到了如何经营企业，以及当一名管理人员意味着什么。大约工作一年后，我突然想学习更多关于创新的知识，学习如何更好地支持我所在幼儿中心的教师。我开始攻读教育学博士学位，主要研究技术整合和创新在教育中的应用比率。正如谢尔久科夫（Serdyukov）所言，“创新应被视为正面且必要的变革的工具”。

走出学校寻求联系和灵感

读完博士学位后，我开始好奇以前学校的教师和行政管理人员这几年的情况。我发现在我离开的同年，有14位教师也相继离开，校长被降职为另一所学校的副校长。想到这14位教师，我不禁做出假设：如果我通过社交媒体与这些教师以及学校以外的其他人建立更多的联系，或许我会更好地了解如何应对一所抵制科技和创新的学校。

我反思了我做过的行政管理工作，终于踏上了寻找当年发生在我身上事情的答案的旅程。我很同情我的行政主管，当年我应该和她合作，把新技术带到课堂和整个学校。即使她在我告诉她之后依旧拒绝技术，也许我可以找到一种方法为她培训，或者和她一起工作最终让所有的学生受益。就像明根（Mingaine）指出的那样，学校领导的积极态度会鼓励学校社区积极参与技术的实施。

运用我新学到的知识，发挥我对创新接纳的理解，使我动力满满。于是我申请了一个K–12学校的职位。我参加了面试，满怀期待，准备迎接全新的挑战。后来，我得到了这个职位，开启了作为他们新技术总监的旅程。

集结各方力量在K-12教育中融入尖端技术

在担任技术总监的整个过程中，我都会使用诸如Twitter的社交媒体应用，并通过我的个人学习网络（Personal Learning Network，PLN）寻求关于整合、采用新技术的建议，开展关于哪些技术最适合我们学校的总体研究。与外界联系是我18年教育生涯中做过的最正确的决定。现在我全副武装，随时准备迎接那些不接受新事物的教师。我把精力集中在专业发展和培训上，让他们了解什么是创新，如何将创新引入教育。我很快就意识到，进度慢一点、针对性强一点的培训是教育创新成功的关键。

我在2012年就已经用增强现实（AR）、虚拟现实（VR）、视频会议、机器人技术和编程对教师和行政管理人员发起挑战。对我来说，重要的是给创新创造机会，而不是只取创新之便，因为我希望学生们能够产出结果。在那个时候，可用的增强现实和虚拟现实的资源不多，所以我不得不在课堂上对它们的应用进行创新。推出K–12 增强现实项目是一件充满乐趣的事情，但它同时又令人沮丧，因为几乎没有教师掌握这项新技术。

尼曼（Niemann）和沃尔普斯（Wolpers）指出："增强现实是一个术语，描述那些让计算机生成的数字内容与现实世界实时混合的技术。"此外，阿戈吉（Agogi）还补充道："增强现实也可以被定义为电子数据可视化、叠加到周围环境的真实视图之上。"

我的办公室设在媒体中心，所以我经常可以看到学生们还书。我想知道他们对每本读过的书的看法，或者这本书是否对他们的教育产生影响。我不禁想创建一个系统，以了解学生对他们正在看的书的看法。我最终创建的程序（或者说是一个系统）集成了一个完整的增强现实媒体中心，教师和学生可以在他们读的每本书上创建"图书点评"。

一旦图书被打上AR视频的标签，每个人，包括家长，都可以通过增强现实应用程序扫描图书获取简短的概要。一些教师开始使用新技术，在学校周围开展教育性质的寻宝活动。另一些则教师对这项技术避而远之。一位2年级的教师非常喜欢这种新的学习方式，于是开始在学生创作的各种艺术作品上叠加学生创作的AR标记（或视频）。她试图说服她的团队成员也加入进来，但是他们并没有像她一样对这项技术感到兴奋，这令她很失望。这让我想起了我任职1年级教师的那段经历，当行政管理人员把所有电脑都搬出教室之后，我看到学生们进入教室时那种失望的表情。我看着这位2年级教师，感受到了她的痛苦和困惑：为什么她的团队不立刻接受这一个令人兴奋的新机会？这触动了我。就这样，当年我那位主管的形象突然出现在我的脑海里，我所能想到的就是找到她，感谢她。

互帮互助，携手接纳新潮流

我之前的学校为什么会拒绝采用新技术？我用了好几年的时间寻找答案。现在我找到了。我为那位2年级教师解答，告诉她那是因为她的团队还没有做好采用新技术的准备。我向她讲解一个人接纳新技术所要经历的阶段，并向她讲述了发生在我身上的故事。

如果我的行政主管接受创新的速度较慢怎么办？如果吓到她了又怎么办？要知道，只有3%的教育工作者会立即采用新技术，而17%的教育工作者将永远不会采用新技术，而我的行政主管可能属于那80%的教育工作者，他们需要被劝服才会使用新技术。在我鞭策其他教育工作者时，这一认识让我意识到要让他们清楚，在与其团队进行合作时，别人可能会相对缓慢地接纳新技术。这个启示就像我生命中的一道开关。我对教育有了一种全新的感觉，我意识到我的使命是鞭策教育工作者，让他们以一种不咄咄逼人的、充满乐趣的方式采用创新技术。

5年后，我辞去技术总监一职，跳槽到一家财富500强公司工作。在那里，我帮助学校重新设计教室，以适应创新教学。事实证明这很有趣，因为我在将近20年前为学生所做的一切都在最近的研究中被证实这“有利于学生学习”。最近，我开始经营自己的企业，并与一家教育科技初创公司合作，帮助学校和教育工作者将计算机科学引入课堂。与教育工作者和行政管理者们一起工作对我来说是一种莫大的荣誉，因为我曾经一度以为我已经不再从事教育行业了。通过多年对创新的研究，我学到了以前从未想过的东西：耐心和理解，这是我从博士学位

> **教育不断涌现新的创新，我鼓励行政管理者和其他教育工作者，对那些采纳较慢的人保持耐心。**

课程中汲取到的。这两个看似简单的品质是我必须学着去拥有的。

教育不断涌现新的创新，我鼓励行政管理者和其他教育工作者，对那些采纳较慢的人保持耐心。我们中只有一小部分人会争先恐后地去苹果商店购买新发布的苹果产品，也只有一小部分人有能力理解为什么一个教育工作者不会立刻去追求下一个最好的创新产品。也许我们可以从那些“怀疑论者和落后者”身上学到一些东西，他们可能是在为学生制订一个更庞大的计划，因此他们需要更多的时间来厘清细节。不管怎样，做一个尊重所有教育工作者的人。如果你试图影响的人没有接纳这个新潮流，你也不是失败者。向所有人敞开你的思想和心扉，你的火花可以点燃任何人，即使是一个你觉得永远不可能的人。

第8条

提升个人技能的5个创新方法

德怀特·卡特

人们因工作技能被雇用，也因个人技能被解雇。

——蒂姆·奈特（Tim Kight），Focus3精英培训计划

最近，我刚刚结束24年的教育生涯，这是一段奇妙的旅程。我的职业上取得的成功很大程度上归功于诸多导师和学校领导的帮助。我出席、参与并促成了数百次专业学习机会磨炼我的教师技能，比如如何编写有效的教案、实行差异化教学、加强课堂设计来帮助学生理解、利用课堂整合技术、进行数据分析等。不过，在过去的两年中，我踏上了我职业生涯中最具影响力的学习旅程：有意识地关注个人技能的培养。

优秀的教育工作者理解、欢迎专业成长，并为自己的专业成长负责。他们参与并积极引导书籍研究、参与Twitter聊天和网络研讨会。他们出席地方和国家的（教育）会议，也会展示他们自己，同时花时间反思自己的

教学技巧。所有这些都是技能培养的一部分。作为21世纪的教育工作者，我们会面临诸多问题，所以我们需要专业的学习来帮助我们很好地应对这些干扰，比如：复杂的多元化问题、不断增长的对透明度的需求、对学生安全的强烈关注、加速的技术进步等。

在关注到这些问题出现的同时，我们也需要了解，我们自身的行为对一所学校的风气和文化是有影响的。

我们可以绝对掌控的事情有两件：态度和行动。

我们可以绝对掌控的事情有两件：态度和行动。在这样一个纷繁、浮躁和两极分化的时代，我们经常忘记我们真正能做什么。有太多的相互指责、推卸责任，以及对他人的普遍漠视，这些都可能会让人觉得许多情况正在失控。我想起了教育家、作家和演说家乔治 · 库罗斯（George Couros）经常说的一句话：“全力为积极面发声，这样人们就听不到消极面了。”其实，这说起来容易做起来难。

我在2005年成为校长的时候，所有的信件中都用“Be Great”的字样作为落款，无论书信或电子邮件的内容是什么。起初它只是一条激励他人的简单信息。后来我觉得它有点俗气，就不再用它作为落款了。有几个工作人员注意到这个变化后，就问我为什么。他们表示很喜欢这个落款，而且这个落款也确实激发了他们用不同的思路来考虑问题。他们的话让我大吃一惊，在那个学年剩下的时间里我又接着使用这个落款。直到今天，我仍然在使用它，它已经成为我经常挂在嘴边的话了。几年前，我花了些时间思考“Be Great”对我来说到底意味着什么，它其实应该是以下单词的缩写：

感恩（*Be Grateful*）。对爱我的家人、支持我的朋友和同事、上帝每天的保佑以及在我面前出现的“困难”（我认为这些困难是伪装成问题的机遇），都要表现出感恩的态度。

联系（*Be Relational*）。在意那些用鼓励的话、建设性的批评帮助我成长，并且带给我活力的人，而且要记住詹姆斯·卡默（Dr. James Comer）博士所言，“正因有意义的人存在，有意义的学习才会发生”。我可以通过做一个积极的倾听者、保留判断性话语、活在当下，以及利用共情能力来改善与他人的关系。

热情（*Be Enthusiastic*）。正如拉尔夫·沃尔多·爱默生（Ralph Waldo Emerson）所言，“没有热情就不会有任何伟大的成就”。我坚信这一点，并且已经在我和别人的生命中目睹了热情造就的成就。我试着每天充满热情，积极地改变生活，并积极地对他人的未来产生影响，这就是我的个人使命宣言！

真实（*Be Authentic*）。要成为另外一个人需要付出很大的精力。不过在任何情况下，做真实的自己就容易多了。事实上，我还在努力学着做自己。

善学（*Be Teachable*）。学习就是引导，引导就是不断地学习。越有受教于人的心，我就能成为一个对自己、家人、朋友、员工和学生们更好的人。

方法1：表达感恩：5分钟日志法

随着近来公众对正念和社会情绪学习的重新关注，我们看到，越来越多的证据表明，表达感恩对一个人的行为和人生观产生积极的影响。有些人通过每天给朋友、家人发短信、留便条，或者早上的第一件事、睡觉前的最后一件事是列一份感恩清单来表达自己的感激之情。不管一个人的日常习惯如何，那些花时间表达感恩的人似乎愿意控制他们自己的态度，其实反过来这也会影响他们的行为。《五分钟日志》（*The Five-Minute Journal*）的开发者伊康（Ikonn）和拉姆达斯（Ramdas），在2013年创造了一个工具，让培养感恩态度变得更加容易。开发者指出：《五分钟日志》是由一流的积极心理学的权威研究人员创建的。加州大学戴维斯分校（University of California, Davis）的大善科学中心（Greater Good Science Center）发起了一个为期多年的项目，拓展了感恩的科学和实践。他们发现："更高水平的积极情绪，更多的快乐、乐观和幸福，会让人更少地感到孤独和孤立，其行为也会更宽容大度、更具怜悯性，还会有更强大的免疫系统。"

这个学年经历了一些个人挑战之后，我的一个好朋友给了我一本《五分钟日志》，并说明了它是如何帮助她应对生活压力的。在使用这个日志之前，我以为我每天都在表达感激。但是，这本日志会帮助我能够更有意识、更深入地思考那些我最感激的事情。我更多地关注到了我生命中出现的人、我有幸拥有的经历，以及那些降临在我身上的机遇。

我将这种做法纳入了每周的行政团队例会中，偶尔在会议开始时，让每个人都说出他们最感激的事情是什么。我们注意到，在那之后我们都觉得好多了，并且会以更加积极的态度开始这一周的工作、学习。为了对我们整个学校的文化产生更大的影响，我还把这一做法纳入了我们的部门主任会议中，请每个部门主任分享他们最感激的一件事。许多人也把这一做法纳入到他们的部门会议议程中。分享感恩清单的人中，

> 优秀的教育者不会等别人要求才去感恩，或是见到职员、参与中心活动时才表达感激之情；表达感恩是一种责任心，是他们下决心逐渐养成的技能或习惯。

一些人会感恩一些较为常见的事物，比如家庭、朋友、睡眠、休息或好天气。另外一些人的感恩对象则更加具体，比如一个特定的人，例如同事或学生。这些感恩故事影响深远，有助于加强我们的学校文化建设，因为它们说明了我们如何在工作中体现出我们的核心价值观。优秀的教育者不会等别人要求才去感恩，或是见到职员、参与中心活动时才表达感激之情；表达感恩是一种责任心，是他们下决心逐渐养成的技能或习惯。

方法2：建立积极信任的人际关系

优秀的教育工作者知道我们需要与人共存。我们明白积极的关系是产生有意义的学习的基础，也是积极文化赖以生存的土壤。在我还是个实习教师的时候，我的指导教授问我是如何轻而易举地与学生建立联系，并询问我是如何去做的。遗憾的是，当时我并没有思考过这一点，只是简单回答道："我也不知道，就这么联系起来了。"他反驳了我很多次，让我思考我到底做了什么。带着这样的思考，我开启了我的教学生涯。24年过去了，我想我现在已经知道如何建立积极的师生关系，但我还像大部分优秀的教育工作者一样，一直在寻找更好的方法！

已故的伟大教育家丽塔·皮尔森（Rita Pierson）有句话说得好："孩子不会向他们不喜欢的人学习。"这句话同时也适用于学校里成人之间的关系，即校长与教职员之间、教职员与教职员之间、教职员与家长之间、校长与家长之间的关系。据我的经验来看，如果这些成年人之间不能友好相待，就会对学生的成绩和学校文化产生负面影响。因此，在上一学年，我与（来自Lead4Influence项目的）领导力教练杰克·斯拉温斯基（Jack Slavinski）进行合作，同我的构建领导力团队（由副校长和部门主席组成）共同推进个人技能的培养。杰克帮助我们对从员工那里收集到的年终文化调查数据做出有意识的回应。数据显示，我们需要改善学校里成年人之间的关系，应该从改善我与教师们的关系开始。我需要在某些方面同他们继续建立信任或重建信任。其实，直到我和杰克相处了一段时间，我才清楚我究竟该怎么做。我们应该从基本的问题开始——信任是什么？如何建立信任？

杰克概括了建立信任的三条基本原则：**联系、品格和能力**。品格是一种道德上的信任，主要建立在信守诺言、对他人做出积极回应等表现的基础上。品格信任需要花费大量时间才能获得，而摧毁它只需一秒钟。当我们像优秀的教育工作者所做的那样有意识地建立积极的人际关系时，我们会根据行为本身而不是行为意图来评判自己。联系就是人与人之间的信任。我们深切地关心他人、认真地倾听他人，以及运用个人风格来满足他人的需求，建立个人信任。能力就是技术上的信任，是通过为他人创造体验，一起为他人解决问题，为他人创造条件，让他人体验成功，为学校更大的利益做出贡献而建立起来的。这三条信任原则同等重要，缺一条就意味着整体上缺乏信任。就是这样。

优秀的教育工作者懂得，信任是良好人际关系的基础，而良好人际关系是积极课堂氛围和校园文化的基石。优秀的教育工作者也知道，我们必须清楚我们是谁，以及我们如何通过成为自己的学生来与与他人建立最好的联系。例如，和杰克一起工作时，我们每人完成了两项重要测试：

- ◆ DISC人格评估测试。
- ◆ VIA性格调查研究所发布的测试。

在我们做测试并相互分享测试结果的过程中，我们变得更亲密，相互更理解，也更有耐心，因为我们要一起努力，共同领导我们的学校。我们可以进行更加有效的对话，对彼此的经历更加感同身受。我们使用经过科学论证的研究结果来支持我们的需求和愿望，以改善学校里成年人之间的关系，这样我们就可以改善所有学生的成长结果。以下是一位部门主任写的电子邮件，她将这些测试纳入了她的部门会议中，以便为她的团队创造更利于协作的条件：

> 昨天，我部门的同事完成了性格优点测试，今天我们讨论了测试结果。以下是我用来指导我们讨论的问题：
>
> - 你对测试结果感到惊讶吗？为什么惊讶或为什么不惊讶？
> - 作为部门的一员，你注意到我们最重要的品格优点是什么（如果有的话）？
> - 意识到自己的品格优点对你担任教师的角色有什么好处？
> - 了解彼此的品格优点对我们的部门有什么好处？
> - 在接下来的几天或几周里，你会展现出什么特别的个性品格呢？
>
> 我们部门9个人中，有3个人都把“对美和卓越具有鉴赏力”作为自己最大的优点，这让我感到很意外，因为在我们的部门主任讨论会中，我不记得这个具体的优点有过多少次的体现。每个人都参与了讨论，许多人将这些结果与我们在本学年早些时候做的DISC人格测试联系了起来。

正如你看到的那样，这个做法会引起个人和部门的许多反思。教职员工之间的联系会更加紧密，他们本人会感到更有价值、更受尊重，能够更有目的性地开展合作，以提高学生的学习成绩。

就像我之前提到的，我们在年终风气调查中收到了一些较为尖锐的反馈。我们根据这些反馈重新将我们的努力重点放在三个主要方面：1）与他人保持联系；2）持续的清晰沟通；3）少犯错少改变。我停更了每周博客，开始更频繁地与教师见面，以加强个人信任（联系）。比如，我与我所评估的部门的负责人安排每周一次的例会；减少员工会议的次数，增加部门会议的次数；我还安排了每月一次的“快乐时光”活动，每月有一个部门会受邀到当地的一家餐馆，边品尝开胃小吃边聊天。这些行动深受教职员工的好评与赞许。

我还成立了风气与文化委员会，委员包括教职工、学生和家长。成立委员会的目的是：

- 理解学校风气和校园文化的定义和区别。
- 让所有利益相关者参与进来，识别出学校风气和校园文化方面的优势及需要改进的地方。
- 确定2017—2018学年的两个关注重点并制订相应的行动计划。
- 用结果来评判我们学校风气和文化建设成功与否。

为了加强个人品格信任，我坚持每天发布一些“智慧之语”（Words of Wisdom）栏目里的内容，因为该栏目所传递的信息很积极，也是个激励学生的机会。我认为学生和教职员工每天听取校长的意见是至关重要的。“智慧计划”（Project Wisdom）网站还提供教案，并为每条信息提供写作提示，因此我会与教师们分享这些信息，他们会找方法将这些信息融合到课堂讨论中。

几年前，我有机会聆听“自由作家”基金会的发起人艾琳·格鲁维尔（Erin Gruwell）谈论人际关系的力量，她说的很对。她分享了与150名难搞的学生一起彻底改变他们生活的精彩故事。很明显，她真的了解学生，在情感的层面与他们进行联系和沟通，并且为他们创造了一个利于合作的、有安全感的学习环境，这些都帮助这些孩子们取得了成功。她的故事告诉我们，师生关系是一种复杂的关系。教书育人是一份很辛苦的工作，有许多困难需要教师去克服。然而，如果工作的目的是对另一个人的生活产生有意义的影响，那么这份工作就是值得的。艾琳用写作艺术打破师生之间的壁垒，向学生打开心门。她的故事让我想起了“挑战日”里的一项活动——“跨越界限”（Cross the Line）。这个活动帮助参与者找到共识，它让我们看到通过一种共同的经历，我们是如何真正密切地联系在一起的。几年前，我们在学校举办了“挑战日”活动，它在增强学校的积极风气方面发挥了奇效。学生、家长、教职工和社区成员至今仍然在谈论“挑战日”如何改变了他们的生活。

听着艾琳的故事，看着电影《自由作家》（*Freedom Writers*）中的片段，我想起了托德·威特克尔的一句话：“他们是人，不是程序。”我们在处理与学生的关系时，都有一段和艾琳·格鲁维尔一样的经历。收到教过的学生的来信时，我们就会想起那些往事。如果你没有保存这些信件或卡片，那么我强烈建议你从今天开始保存起来！我们这些教师都会有这样的故事，在想到我们如何成功地让一个人的生命从此与众不同时，我们会热泪盈眶。

我最近遇到了一个我以前带过的运动员，他现在29岁，表现得非常好。他把我拉到一边聊天时说：

“你可能不记得了，我大一的时候（那时他是校橄榄球队的首发队员），你走到我面前告诉我应该去参加田径比赛，因为这会让我变得谦卑。你说过我还没有经历过失败，但跑步可以帮助我成长，让我懂得谦卑。我永远不会忘记这件事，谢谢你这么关心我，来告诉我这一点。”

他是一个极具天赋的运动员，非常有魅力，也是一个天生的领导者。我之前注意到他在走廊上或球场上与同伴的一些互动方式，让我有点担心。我不是他所打位置的专任教练，但我们关系很好，所以我想他会接受我的意见。13年之后，很难得我再次见到他，让我看到我和他建立的积极关系对他品格的养成产生了如此之深的影响。

每个学年，我的目标都是与我的教职工重新建立积极的关系。有时，我允许某个“项目”或其他借口妨碍我们之间的关系。借用赛斯·高汀（Seth Godin）的一句话，“作为教育工作者，我们有一个分享艺术的平台”。我们的“艺术”创作就是改变他人的生活。我们要记得利用我们的平台（教室、教学楼、食堂、前台、考勤办公室或指导办公室）与他人建立重要的关系，设定高期望，带来改变，对他人的生活产生影响——更准确地说，给他人的生活带来积极的改变。

方法3：扭转思维方式，做积极主动的教师

生活在时下分裂和好斗的文化中，对我们的教学工作充满热情是有难度的；但优秀的教育工作者知道，我们唯一可以控制的两件事是我们的态度和行动。即使明白这一点，按照这句话来做事并不总是那么容易。当优秀的教育工作者抱持感恩的态度，专注于建立积极的人际关系时，就会更容易充满热情。

每当我发现自己对学校领导职务不够热情时，我就会做一个表格，在表格的左上方写上这个问题：在目前的工作中，我最感兴趣的是什么？在表格的右上角写上：在目前的工作中，我最不感兴趣的是什么？完成之后，我会问自己哪些事情是我可以控制的。这个列表中不可避免地会有一些我无法控制的事情，不过这也让我重新集中精力在我可以控制的范围内做出改变。比如，我会去教室看看。当学生和教师投入到课堂中的时候，和他们在一起是很有活力的。我喜欢和学生们互动，也喜欢观摩高质

量的教学。另外，这也会使我回想起我投身教育的初衷，这样我的热情就又重新燃烧起来了。

我意在为全体学生和教职工创造一个有归属感的环境，这在我们的"返校活动"期间和开学第一天就开始了。开学的前一天晚上，我和当地一家气球公司合作，他们会送来8到10个气球立柱和3个大气球拱门。拱门放在每个入口处，气球立柱沿着大堂放置，营造出一个有趣的、有节日氛围的欢迎环境。我们还用广播系统播放（适合学校类型的）流行音乐，让学生们知道我们对新学年的开始充满兴奋和热情！我们还租了几个大型充气假人放在下车区展示。家长们送孩子去学校时，喜欢看到这些巨大的身影在空中摇晃着身姿挥手。开学的第一天每年只有一次，那为什么不把它当作一个庆祝的日子，从一开始就设定积极的基调呢？

优秀的教育者明白热情态度的重要性，还意识到这完全是一种思维模式。教育工作者很忙，每天都有长长的待办事项清单。这些任务清单会使我们泄气，我们可能会常常觉得我们"必须去"或"不得不"做一些诸如点名、给家长们打电话、回邮件、写教案等事情。不过优秀的教育者会说：

- 我要去点名了！
- 我决定给家长们打电话！
- 我要去回邮件了！
- 我决定去写有意义的教案！

从"我不得不"改为"我要去"，优秀的教育工作者展现出积极的态度就这么简单。

我最喜欢看的一个视频是一个盲人坐在地上，旁边有一块纸板子，上面写着"我是盲人，请帮帮我"。多云的天空下，地面潮湿，这个人耐心地坐着，双臂交叉，没有对任何人说什么。有几个人从他身边走过，连看都不看他一眼，不过还有人往他脚边扔了几枚硬币。一位年轻女士从他身边走过时，花了一秒钟看了看他的标牌。她停了下来，拿起他的牌子，又从外套口袋里掏出一根黑色的记号笔，在他的牌子上匆忙地写了些什么，就把牌子放回去，然后走开了。不久之后，几乎每一个从他身边走过的人都会把硬币和美元扔在他的脚边！这个人完全被这搞得不知所措。但他听觉敏锐，注意到那个年轻女士走回来的脚步声。这个女士停了下来，站在他面前，他伸手去摸她的鞋子，接着把脸转向她的方向，问道："你在我的牌子上写了什么"？她半蹲在他面前，摸着他的肩膀说："我写了同样的内容，但换了一种说法。"她在标牌上写了："今天真美好，我却看不见。"这个故事的寓意是：**改变你说话的方式，你的世界就会发生变化**。

怀有感恩的态度，明白建立积极的、充满信任的关系的重要性，拥有做好工作的热情，教育工作者就可以改变他人的世界！

方法4：做真正的自己：24种人格力量测试和DISC个性测验

拉尔夫·沃尔多·爱默生说得好："在一个不断试图改变你的世界里做你自己，这是最伟大的成就。"优秀的教育工作者关注个人技能的培养以创新他们的实践，我们明白每天都需要做最好的自己。众所周知，公众对教育工作者的期望在过去几年里急剧增长，我们可能因过高期望而倍感压力，时常觉得做真实的自己十分艰难。

这可能是耗费我最多心力去坚守的一条准则。这些年来，我注意到，我对越多的人负责，我就变得越不真实。我不确定这是出于自我保护，有所保留，还是疲于应付一些事情。但我发现，自己在一天结束时筋疲力尽，主要是因为我努力维持一种“一切尽在掌握”的感觉。帮助我克服这个问题的是：VIA人格测试和DISC性格测试中所得到的结果，我刚刚在前文中提到。

VIA人格测试用科学鉴定的24种人格来评估一个人的强项。它有100多个问题供用户回答，最后会提供一个详细的报告，从1到24对一个人的特征进行排名。需要指出的是，评估结果不能被简单理解为“优点与缺点”，而是指出哪些人格特征是表现得最明显的，哪些则表现得没那么明显。一旦掌握了这些信息，我就能够反思我作为校长的领导方式和我的日常心态。可以说，它给了我启发，让我对自己有了全新的看法，让我思考自己如何看待他人，我的日常行为如何与核心信念保持一致，又或者是如何偏离了它们。后来，我开始更加享受我生活里的每一天，重新明晰了我个人和职业上想要达成的成就。

> 优秀的教育工作者知道，学生们可以分辨出你是在做自己还是在骗他们，他们知道你是真诚的还是虚伪的，他们知道你是否值得信任。

DISC性格测试让我更清楚地了解了自己的领导风格，如何与他人互动，以及我如何做出回应。真实帮助我更好地支持学生、教职工和管理团队，因为我能够展现我深深地关心着他们（响应性），提供更多有意的帮助（支持性），并灵活运用我的领导风格来满足他们的需求（适应性）。优秀的教育工作者知道，学生们可以分辨出你是在做自己还是在骗他们，他们知道你是真诚的还是虚伪的，他们知道你是否值得信任。他们能分辨出来，学生们想从对他们表现出在意和关心的教师那里看到真诚。伊恩·托马斯（Iain Thomas）做了最好的总结，他说：“有些你从未见过的人，想知道认识一个像你这样的人会是什么感觉。”所以，你还是要做真实的自己！

方法5：虚心受教，直面7类问题

有一句古老的犹太谚语是这样说的："跌倒之前是骄傲。"骄傲的人缺乏一种谦虚受教的态度。为了创新个人技能的培养，优秀的教育工作者愿意更多地了解自己和他人，了解如何提高自身技能。做这份工作时我们会感到骄傲，但并不是"自吹自擂"，也不是影响成长的傲慢狂妄。在这个极速变迁、纷纷扰扰的时代，拥有虚心受教的态度或心态是成功的必要条件。

在过去的几年里，我有机会在一些会议或研讨会上介绍我如何用社交媒体讲述我们学校的故事。每次我分享例子、讲述故事，以"我们为什么要这么做"开头时，都会注意到两种不同的反应：

◆ 双臂交叉，眉头紧锁，眼神茫然，整个状态好像在说："这在我的学校或学区是行不通的。"

◆ 疯狂地在纸上记笔记，点头表示同意，举手提出问题。

我懂他们为何做出这两种反应，两种反应我都曾经有过。但我已经开始拥抱、提倡、鼓励并示范使用社交媒体的方法：分享故事、突出教职工的事迹、建立关系，并通过"谈天说地"参与到学习过程中。

每次会议结束时都有教师来问我："怎样才能让我的行政管理部门允许我在学校使用移动设备教学或者接受社交媒体的使用？"他们眼里的绝望提醒我，尽管在全球范围内有许多教育工作者在利用社交媒体和Web 2.0工具增加学习机会、与他人建立联络、吸引学习者，以及分享信息，却仍有太多的人不愿接受它，甚至是完全抵制它。改变是困难的，尤其是改变心态的时候。不过，我们必须继续分享教师和学生利用社交媒体积极地改变生活、影响未来的成功故事。我们可以从分享我们自己学校的故事开始，然后推广其他地区的教育工作者和学生正在做的事情。我们分享的越多，就越有可能把不情愿和抗拒转变为开放和接纳。

我们还必须敏锐地意识到教育工作者今天面临的困扰。越是意识到这些困扰，就越能更好地适应我们所面临的变化。如果冥顽不化，这一切就不会发生。你将很难与教师、秘书或学校管理人员进行对话，他们会说我们的教育并没有处于一个有着纷纷扰扰的时期。自2008年以来，公众对教育工作者的总体印象一直不太好。人们对教育的期望急剧增长，但对教育的资助却没有以同样的速度增长。我们可以说，虽然面临着一个又一个的困扰，但我们仍在继续寻找方法来满足学生的需求、让家长参与进来，以及响应社区的愿望，这样做对所有利益相关者来说都是最好的事情。

2017年，我与我的导师兼好友马克·怀特（Mark White）合著了《破坏性时代的顶尖学校：如何在超变化中生存》（*Leading Schools in Disruptive Times: How to Survive Hyper- Change*）一书。随着许多社会形势的变化，这本书的出版可谓恰逢其时。考虑到这一点，我们谈到了学校领导如今面临的7种问题：

1. **学生安全问题**。自科伦拜校园枪击事件发生后，学校安全有了新的含义。更多举措已经出台，来识别那些没有归属感的学生；美国社会也继续努力减少并消除校园枪击事件。这要求学校在注重学生的学业进展和学习成就的同时，也提供深入的心理健康支持。

2. **技术发展加速问题**。与以往任何时候相比，技术变得更低成本、更精简、更快速，也更容易接触到。学校领导必须找到方法，将其应用到学校中。

3. **改革工作问题**。缺乏资金支持，规定变化迅速，包括评估学生学习的新方法，以及更复杂的评估系统，这让校领导们手忙脚乱地跟上形势。

4. **代际挑战问题**。千禧一代正在进入教师行列，接受X世代和婴儿潮一代的教师领导。如果处理不当，没有一个适应的心态，可能会对学生的整体成绩产生负面影响。

5. **全局准备度问题**。培养技能远比吸收内容更为重要，因此学校领导必须与有关各方合作，定义出成功在他们学校是什么样子的，并确定他们希望学生培养的关键技能。

6. **复杂的多元化问题**。种族、性别、移民和性别认同是当今学校领导面临的多元化挑战的主题。

7. **对透明度的要求**。信息全天候开放，有关各方要求学校领导想方设法让他们了解学生的表现、提供成绩单数据，并在接到通知后立即升级安全保障。这已经成为了一种社会期望。

以上这些似乎让人难以承受，事实也确实如此。但是，抱有一种虚心受教的态度或精神，可以帮助优秀的教师改变引领的方式！在当下这样的时刻，曾任校长、助理督学和正职督学的马克·怀特说，“管理者的声音一定要引发回响。在黑暗的时候，就要做一束光，让别人可以追随。尤其是现在，管理者必须具有存在感，与学生和教职工保持密切往来”。

“GREAT”不仅仅是一个朗朗上口的缩写词。这也是一种把我们的意图专注于服务他人的方式，以积极的方式影响他们的生活。优秀的教育工作者都知道，我们的态度和行动确实会产生影响，而真正阻碍我们前进的唯一障碍可能就是镜中人——我们自己。当然镜中的那个人有能力创造条件，让我们变得伟大！

PART THREE

第三部分

将创新理念融入课堂教学

第9条

创新评估学生的方法

斯塔尔·萨克斯坦

请试想以下场景：4位性格迥异的学生围坐在一张桌子旁，回顾曾经旧的课程计划和研究课题。他们将翻阅了解课程的教学目标，并与同伴进行讨论交流，然后共同决定他们将会获得怎样的学习体验。这并非是他们第一次制定自己的学习规划，但这是他们第一次有机会能够像教师一直所做到的那样，从头开始设计学习。

学习不能仅由一个课堂负责人来发号施令。正如每个房间都由各种活动部件组成，构成集体的每一个个体也都必须投入到日常事务中去。而且，教师在教室里待的时间越长，他（她）就越难对学生的体验感同身受。

创新型教育工作者将学习者置于首位，并打破一贯的模式。学生们就像是构成课堂学习空间的“基因”，教育工作者会随着他们的需求做出改变。即使学生们并不曾萌生学习的想法，教育工作者们仍致力于激发其潜在的可能性。他们提出问题，而不必担心犯错。他们富有冒险精神，他们打破陈规，勇于挑战并且激励每个学习者获得进步。这些勇于创新的教育工作者们，做事深思熟虑却又不乏勇气。他们在教学环节中尤为重要，在他们的课堂里的每一位学生也至关重要。

让学生积极参与建设学习环境

为了达到最佳的学习效果，关键是要为学生们创造有利的学习条件。这些惯例和规约的形成需要我们在前期做大量的工作。但是，从长远来看，这样做会有回报，所以在开始的时候要慢慢来，千万不要低估与那些将要在这个环境中学习的学生们建立关系的力量。另外，请记住，你不仅仅要建立师生之间融洽的关系，你还必须确保在学生之间建立起学习关系。

面对现实吧！没有人会去冒险，哪怕是举个手这么简单的小事，只要他或她感到不安全的话也不会去做。因此，教室里的教育工作者有责任创造一个既有利于培育学生又拥有预见性的学习空间。教师可以采取以下步骤来确保课堂已准备就绪，可以进行创新性学习。

1. **尽快了解所有学生**。破冰活动可以确保在你了解学生的同时，他们也能相互了解。举个例子就是“寻找某人”活动，让学生在教室里四处走动，相互交流和建立联系，同时他们会问一些无关紧要的问题并弄清彼此的情况。在这项活动可以通过安排一个简短的写作作业来跟进，允许他们更加深入地采访一个伙伴，并写一篇关于该同学的简介。然后，可以在展示中共享这些简介信息。活动的最后可以展出一个贴满照片的公告板，每张脸和每个名字下面都有一句令人难忘的话。

2. **学生们制订的目标是公开的且全年可见**。有一年，我用学生们制订的目标制成了一个“云墙”，当他们达到学习目标时，他们就可以把以前的目标撕下来，用另一个来替换。保持学习进度的可视化可以培养学生的责任感。

3. **同学生建立起关于学习环境不容商榷的规定**。这将使教育工作者有机会了解学生在学习环境中需要什么才能获得安全感。有些班级可能想要写些指导性内容，可以挂在要点图或简单的期望列表上。这些通常包括但不限于：相互尊重，倾听每一个人的声音，积极采取行动促使自己成为迎难而上的人，尽力做到最好。不容商榷的规定数量不应超过5项。记住，在“规则”方面，少即是多。

4. **执行不容商榷的规定时要严谨，让所有学生都对预期清楚**。学生应当参与制订惩罚措施，这样他们才能理解破坏规定意味着什么。为了让这一切顺利进行，教师必须确保所有学生都能得到公平对待。学生甚至可以帮助维持安全的学习环境。一个良好的学习环境应该是由学生和教师共同合作带来的最佳成果。

5. **珍视每个孩子，重视他或她对学习环境的贡献**。所有的孩子都作出不同的贡献，教师需要确保在他们支持建立学习空间时，要对他们的贡献予以强调、认可和表扬。一份详细具体的反馈或者一张写有表扬话语的贴纸，这些都可以很好地向学生们表明你对他们贡献的认可。

6. **向学生示范犯错，坦诚地从错误中成长**。在孩子一生中的某个阶段，猜测和犯错会令人恐惧。我怀疑这个时刻就是当学校开始考试的时候。在此之前，学生积极回答问题，不断尝试，直到他们得到“正确”的答案。而作为成年人，我们必须刻意地、坦率地直面我们的错误。因此在课堂上，当我们犯了错误，我们必须马上承认它，指出它，并一起找出解决办法。有时这种情况会在下课后发生，所以很重要的一点是确保不要让它溜走。想办法把它融入到下一课。提醒全班注意错误信息或其他错误，这对每个同学而言都是一次学习的机会。

> 要想让学生既感到安全又敢于承担风险，就必须创造一个理想的学习空间，鼓励和支持学生的有益行为，重视犯错和学习的机会。

归根结底，要想让学生既感到安全又敢于承担风险，就必须创造一个理想的学习空间，鼓励和支持学生的有益行为，重视犯错和学习的机会。在课堂上，有很多次我说错了话，或者分享了一些我认为是正确的信息。一开始就被学生挑战的滋味并不好受，但在这个移动技术时代，这是一个多么伟大的教学时刻。与其假装我什么都知道，倒不如说，“你知道吗？我不知道这个问题的答案。让我们一起弄清楚吧。”这样，学生们就知道我们都是学习者，无论年龄多大或受教育程度如何，犯错才是成长的关键。

嵌入透明化课程标准的方式

学习者并非天生就知道标准。有时甚至连专业人士都不知道标准是什么。如果我们想让学生知道如何以一种有意义的方式谈论他们的学习，我们必须首先给他们一些关键词，使他们能够理解他们正在学习的内容。

介绍标准的最好方法是帮助学生理解技能和学科内容知识之间的区别，然后在每堂课开始时都设定一个明确的学习目标（目的/方针，或者任何你在你的课程中使用的有趣术语）。一定要保证学生们的学习目标明晰可见，并且与他们在学习时做的事情是相关联的。同时也要确保学习目标中不要包含太多内容。一个好的学习目标应该有所侧重，并且对于学生来说是易于辨识的。

课程标准里的语言并不总是容易理解的，因此帮助学生们理解教学目标是十分重要的。向学生介绍课程目标，是帮助学生了解评估标准的一种方法。如果教师能够在每堂课开始前简单地介绍一下课程目标，那么学生就会习惯标准中的用语，并且会理解他们为什么要这样学习。这也有助于学生们用一种和他们可能被评估的方式相一致的语言来交流他们习得的内容。由学生自主设计的创新性评估标准，其最终目标是让学习者能够承担起帮助任务开展的责任，因此学生要能清楚地表达并形成他们在做什么和为什么要这样做的意识。通常情况下，我们依据评估所设计的任务和/或项目往往不够有力或与标准不一致，因此不是展示成长和学习的绝佳机会。

让学生分成小组完成拼图任务，是另一种帮助学生了解评估标准的方法。首先让学生们对学过的某个单元的学习标准进行重新改写，然后把学生们写的标准挂在墙上，在学习生活中发挥“锚”的作用。在学习过程中，让他们经常参考学习标准的改写版本，当他们开始设计自己的学习计划时，就会知道他们应该朝着什么方向奋进。对于改写标准来说，采用句型条是一个很棒的方法。如果一个单元包含5个评价标准，就分配给每组一个标准，让他们阅读标准后进行改写。他们甚至可以以他们过去做过的不同作业为例来论证这一标准。这也将有助于他们设计出自己的评判标准。

确保在教室内清晰地展示现行标准，以便定期参考。这些标准在学习过程中的嵌入程度越高，学生就越能将其内化。为了让学生能够真正完成我们希望他们完成的任务，我们不能简单地在事后追加标准，我们必须建立标准，与之相联系，并始终坚持按标准行事。这样学生就能够在创造学习体验和反思这些体验的同时，熟练地运用这些标准。

建立学生参与设计学习体验的5个步骤

教育工作者需要明白自己教授的全部课程并掌握其课程标准。当然，正因为我们是专业人士，所以我们成为了这方面的专家，并且能够经常为自己积累经验。事实确实如此，但这并不意味着学生不应该或不能参与设计学习进程。教师必须确定适当的时间，将学生的提议纳入进来。这一时间会因班级和年龄而异，取决于学生的准备情况。有些人能够比其他人更快地参与其中，这是正常的。在开始由学生设计的学习规划时，请先了解你的学生并花时间适当地将他们分组，可进行以下五个步骤。

1. **使用框架**。教师应该总是从框架开始。学生们应该意识到这个框架并且将其贯穿整个学习过程。这样，教师和学生就可以在教师为他们设计学习方案的早期经验的基础上，朝着同一个最终目标共同努力。

学年初，当教师们正在模拟如何设计评估模式时，他/她需要有意识地、真实地了解评估的目的。以一种逆向设计方法为例，关于一门课程，我们可以研究一个项目，并确定令其成功的所需技能有哪些。例如，在我的英语课上，我会共享一份电子文档并附上作业，我会要求学生们对其进行阅读并做好批注。首先我会让他们单独阅读，接着是小组合作，同时注意有疑问的地方和有关联的地方。我可能会问："布置这次作业的目的是什么？"或者"你需要什么才能做好这次作业？"然后我会让学生们去思考，自己已经学到的知识有哪些，他们需要我教授的知识是哪些。

当学生们以口头或书面的形式分享自己的思考时，教师要记下需要教授的内容。这些讨论将会成为那些基于学生需求的小型课程和小组教学的开端。这使得学习牢牢限定在学生的学习需求和目标范围内。即使学生们还没有准备好参与创建一个项目，也可以试着邀请他们参与学习设计的过程。

2. **了解学生的优势**。如前所述，尽快了解学生是很重要的，教师要密切关注每名学生属于哪种类型的学习者，通过开展各种各样的活动，以多种方式激发学生主动学习。学生应该能够清楚地表达出突出自己优势的学习模式。我们可以通过在上课时来做到这一点。例如，今天我们将进行一个站点活动（stations activity），根据自己所到达的站点，调用你的动觉、协作能力和创造力。活动结束后，学生们不仅可以回想其自己所学的东西，还可以思考这项经历本身。这是一项侧重于迎合学生最佳学习方式的活动吗？

3. **提供教师范例**。以教师的书面作业为范本，学生可以分组、结对或单独设计学习体验。在开始这一过程时，教师应该提供多种例子让学生进行分析。同时，让学生批注并发现他们注意到哪些不同的学习体验。别人是怎么措辞的？它们看起来怎么样？别人在评估什么？别人的做法有何不同？一定要提供各种各样的例子，其中既包括好的作业，也包括相对差一点的作业。学生应该能够分辨出差异，并能够阐明好作业之所以取得效果的原因，因为这将是他们建立自己学习体验的关键。

4. **给予选择**。当第一次让学生参与到这个过程中时，教师可能希望从学生选择自己的作业开始。不仅仅是让学生在学习内容上进行选择，同时也让他们在学习进程和学习成果上进行选择。教师要给学生们提供一些想法，让他们自己选择，帮助学生创造自己的学习体验。有些学生立马就会迸发灵感。试着赞成这些学生们的想法，与他们一起体验一遍。这样，以后当他们在没有指导教师帮助的情况下，在组内同同学们一起设计学习时，这些经验将成为他们的宝贵的财富。

表9.1展示了一个学生在设计自己的学习体验时，为他们提供选择的例子。“选择你自己的冒险模式”的作业表被分为几个部分，这样学生们可以从不同的选项中进行选择，以便从头开始设计整个作业。

综合媒体一最终项目一选择你自己的冒险

今年你将选择并创建你自己的期末评估项目。你将创建你的作业，并选择你想要呈现作业的格式，以及你想要应用的相关新闻内容。

阶段1——选择一个主题和/或模式来完成这一项目。作业提交截止日：4月24日

表9.1 “选择你自己的冒险模式”的示例

A栏一主题	B栏一模式
新闻伦理	调查性特征
新闻摄影	摄影随笔
重大事件报道	系列短片
新闻史	播客
技术	视频
	剪贴簿/年鉴风格

5. **创建活动/资源库**：当学生习惯于做出能发挥他们优势的可靠的学习选择后，教师就可以放手让他们去干了。以班级为整体，创建一个多类型的活动库，并将它们与不同的学习风格相匹配。给学生提供语言和工具，让他们理解我们为什么在设计学习体验时要做出这样的选择。让他们提出很多问题，然后反过来询问他们很多关于自己选择的问题。让学生有点不舒服也没关系，因为在设计这些学习体验时，他们需要理解其意图的

重要性。

至少，学生们会对他们的教师更加感同身受，因为他们会意识到在真正精心设计一个学习体验时，需要付出很多努力。人们认为这是理所当然的，因为我们这些真正擅长规划体验的人，真的很注重细节，而且执行起来似乎是那么容易。当然，我们知道，这确实是一个出色的规划应有的功能，而这是需要时间和实践的。

一旦学生们拥有了可行的活动构想，他们还可以建立资源库，这对他们以后的工作学习很有帮助。无论是电子文本、书籍、文章还是视频，学生都可以获得许多免费资源，从而增强他们的学习体验。这些精选的资源列表可以以电子方式存储，供全班使用，并在发现新资源时不断添加。诸如Diigo①这样的应用程序和网站提供了对共享库的访问，该共享库允许标注和关键字标记。

师生共创成功标准的方法：单点评估准则和制定技能清单

仅仅让学生参与学习设计是不够的，他们还必须参与到确定成功的标准中去。随着时间的推移，他们将变得善于在这种氛围中给予和接受反馈，从而将使学习成功的因素内化于心。

当我们有意识地设计学习时，我们总是在考虑掌握应该是什么样子的，学生也应该能够清楚地表达出来。在课堂上，教师可以从头脑风暴活动开始，这个活动着眼于学习体验，能够梳理出被评估的具体技能。然后，在小组中，学生可以进行合作式的交谈，从而就何时确定自己已经掌

① 一个国际著名的书签网站。——译者注

握了这项技能提出一些看法。这种掌握水平是什么样子的？学生们会分享什么想法？一旦学生确定了不同的技能和掌握了的表现，我们就可以以班级为单位，着手设计一个标准一致的规则，但同时也允许学生们有一定的灵活性。

关于评估准则，你需要注意以下事项：不要仅仅因为提供了评估准则，就认为它能够行之有效。把诸如“整洁度”或“创造力”这样的随机类别纳入4分制评分制，由于其所使用的词汇往往含糊不清，对学习效果反而有反作用。确保评估准则的语言能让学生理解，并以一种有意义的方式评估和交流学习。

不要仅仅因为提供了评估准则，就认为它能够行之有效。把诸如“整洁度”或“创造力”这样的随机类别纳入4分制评分制，由于其所使用的词汇往往含糊不清，对学习效果反而有反作用。

一种可以考虑的方法是单点评估准则（single point rubric）（参见表9.2），这种方法在中间给出对特定技巧的简要描述，然后在两侧留出空间，以表明水平程度的高低。使用这样的评价标准可以给学生提供更真实的评价交流体验。如果教师提供支架式问题[①]（scaffolding question）来帮助学生更好地支持他们的学习讨论，这也可以成为自我评估和反思的一个很好的先导。这些支架式问题可以与标准相匹配，帮助学生知道要写什么，以及如何基于这些标准评估自己的学习。

---

① 支架式问题，也称脚手架问题。来源于支架式教学，为学生构建一种对知识理解的“支架式”概念框架，给学生提供“手脚架”，使学生自己沿着“支架”攀爬，促进学生解决复杂难题。——编者注

表9.2　单点评估准则示例

暂未达标	技能或标准	达标和/或超过标准
	引用具体的文本内容当作佐证，来支持对主要和次要来源的分析，注意信息的日期和来源等特征。 CCSS.ELA-LITERACY.RH.9－10.1① 评估文本中的推论和证据在多大程度上支持了作者的主张。 CCSS.ELA-LITERACY.RH.9－10.8②	

确定成功标准的另一种方法是制定一份技能清单，然后将其与标准保持一致，并确保讨论出掌握的标志是什么。应当事先给学生提供实例，接着学生就可以在4分制评分制中给自己打分（1=尚未达标；2=接近标准；3=达到标准；4=超过标准）。这种方法如表9.3所示。

这些评估准则将帮助学生清楚地表达他们的学习情况，并用符合标准的语言进行不一样的交流。

表9.3　技能清单制定成功标准示例

技能	共同核心标准	等级
确定新闻伦理中一项议题的重要性，围绕它展开你的公益广告（PSA）	分析同一个主题在不同媒介中的各种叙述（例如，同一个人的人生故事在印刷品和多媒体中的呈现），确定每种叙述中所强调的细节。	

① ①与② CCSS.ELA-LITERACY（The Common Core State Standards for English Language Arts & Literacy）是英语语言文学共同核心与读写能力的课程标准，①②为该标准内的两个具体的标准，下页出现的类似文本同理。——编者注

（续表）

技能	共同核心标准	等级
彻底了解新闻伦理的主题	确定文本的中心思想，并分析其在文本中的发展，包括它是如何产生的，以及是如何通过具体细节塑造和精炼的；为文本提供一个客观摘要。 开展简短又更具持续性的研究项目，以回答某个问题（包括自创问题）或解决某个问题；适当地缩小或扩大调查范围；对关于该主题的多个来源进行汇总，展现对所调查主题的理解。	
开发并绘制一个故事板以传达一项计划	通过对内容的有效选择、组织和分析，编写信息性/解释性文本，以清晰准确地检查和传达复杂的思想、概念和信息。 CCSS.ELA-Literacy.W.9－10.2a介绍一个主题；组织复杂的想法、概念和信息，以建立重要的联系和区别；包括格式（如标题）、图形（如图表）和辅助理解的多媒体。 CCSS.ELA-Literacy.W.9－10.2b用经过挑选的、相关的、充分的事实，扩展的定义，具体的细节、引语或其他符合受众对该主题了解水平的信息和例子来扩充该主题。 CCSS.ELA-Literacy.W.9－10.2c 使用适当和多样的过渡语来连接文本的主要部分，创建衔接，并阐明复杂的想法和概念之间的关系。	
在组内分配角色，均衡分工	与同学一起制定集体讨论和决策的规则(例如，非正式的共识，就关键问题进行表决，提出不同的观点)；明确的目标和期限，以及需要的个人角色。	
在公益广告中使用三个基础的角度	对不同媒体和格式呈现的信息进行整合和评估，包括视觉、量化和口头形式。	

（续表）

技能	共同核心标准	等级
用智能手机或反转镜头摄像机拍摄公益广告	利用包括互联网在内的技术，生产、发布和更新个人或共享的写作产品，利用技术与其他信息链接的能力，灵活、动态地展示信息。	
用iMovie或Movie Maker等剪辑应用编辑你的拍摄素材	有策略地使用数字媒体(如文字、图形、音频、视觉和互动元素)进行展示，以加强对发现、推理和证据的理解，并增加兴趣。	
在此过程中，根据需要进行修改，以确保你能够展示自己对公益广告的理解	通过设定问题、情境或观察，建立一个或多个观点，引入叙述者和/或角色，吸引并引导读者;创造一个进展平稳的经历或事件。 根据需要，通过计划、修改、编辑、改写或尝试一种新方法来发展和加强写作，重点是针对特定目的和读者最关心的重点内容。	
适当地设定期限并遵循指示；在困惑时提出问题	通过提出和回答与当前讨论更广泛的主题或更大的想法相关的问题来推动对话；积极邀请他人参与讨论；澄清、验证或质疑观点和结论。	
根据学习标准对自己的学习内容进行回顾，展示自己对如何学习和学习内容的了解	针对不同的任务、目的和读者，在较长的时间框架(用于研究、参考和修订的时间)和较短的时间框架(单个会议或一两天)中定期写作	

把对学习的控制权还给学生

或许你当然不会在9月就让学习体验完全由学生主导，营造氛围和逐渐放松控制需要花费一些时间。过早开始这样做会导致失败，并有可能引起学生的不满。他们需要对承担这项任务做好准备。因此，我们必须以一种支架式的、有目的的方式提高他们的准备水平。

不同年龄的学习者对放松控制的适应程度不同。在我还在教书的时候，我给9年级的学生上新闻基础课，其余时间教11年级和12年级的学生。尽管学生的年龄不一，但大多数学生在我给他们授课之前都没有接触过这种学习方法。所以，即使有些学生14岁，有些学生17岁，这都无关紧要；对他们来说，这都是一种前所未有的体验。因此，我们以相同的方式开始，并着眼于终点处。

高年级学生会收到一份教学大纲，上面列出了全年的学习内容，并提醒他们实际情况可能会根据班级的需要有所变化，进度也可能会有所调整。一开始，他们看到所有的学习任务时会有点不知所措，但我始终坚信这些学习体验是在给他们提供支架，帮助他们建立信心、培养耐力，以备考大学。学生们清楚知道，结课时他们要提交一篇12—15页的大学研究论文，这意味着我们全年所学的全部技能都在为他们迎接即将到来的一切做好准备。自始至终，一切都清晰可见。

我们给年纪较小的学生提供了一份更灵活的大纲，但每个单元的学习方式与高年级学生基本相同。他们一开始就知道最后要达成的结果，然后我们回过头来，让他们为取得成功做好准备。

建立课堂文化时，我们的期望总是明确的，并且我们也总是乐于接纳学生的意见。由于他们已经认识到了评估标准和学习对他们来说都是透明的，第一次体验这种学习之后，我们讨论了它与传统学习体验的不同之处。我们一起研究了作业单，虽然教师已经初步安排好了，但它立刻就充满了灵活性。不管教师布置了什么作业，学生们都可以自主选择，去创造一些属于自己的东西。

在我们班上，第一个重大的项目是小组作业。通过这项作业，我们制定了重要的规范和课堂惯例。此外，在整个一周的课堂上，通过小组活动学生们习得并提高了协作技能。由于这门课的形式很像研讨会，因此大多数日子里，要么是从前一天的形成性评估中产生一堂全班的微型课程，要么是基于某个小组在进程中所处位置来安排小规模的微型课程。

放开对班级的控制是一个团队共同努力的事情。出于各种各样的原因，教师们常常害怕把控制权交给学生，其中大部分原因是对未知事物的恐惧，或者是受到一两次糟糕经历的影响。放开对学生的控制需要练习，就像卸下自行车的辅助轮，让骑手自由驰骋。骑手无疑会跌倒，这对骑手和观察者来说都很难，但是骑手要学会，就必须站起来再试一次，因为实践是成功的唯一途径。

起初，学生们也会对这种控制权的转移感到不安。他们会“还”回来：对他们来说，听话比自主学习要容易得多。也许他们会抱怨、生闷气或者制造挑战，但你要继续推进你的计划。以下是一些在课堂上显示出做好准备以控制自己的学习的迹象的学生表现：

- 天生就会问很多“为什么”问题的学生。
- 提前完成学习任务并渴望从事与学习相关的兴趣领域的学生。
- 在教学内容方面表现出领导才能和自信的学生。
- 需要更多的挑战，而不仅仅是一个短期的扩展活动的学生。
- 那些紧抓规程却显然并不需要它们的学生。这些学生中的许多人可能会对改变感到不安；他们可能只是需要一场鼓舞人心的谈话和/或一个助推信心的契机。

设计学习体验模型要全程反馈

反馈是学习体验的一个组成部分，必须以各种各样的方式贯穿到整个学习过程中。在设定目标和追踪自己的进度时，学生被赋予了掌握并利用这些反馈的权利。这些目标可以成为这些体验的生命线。同样，就像我们以个性化学习计划（IEPs）对学生进行区分一样，让学生根据他们设定的目标获得所需要的反馈，可以直接与学生设计的学习体验保持一致。

教师在设计学习体验模型时，应积极地从学生那里获得反馈意见，并给学生提供与学习结果直接相关的建设性的、积极的反馈。我们针对反馈提出的问题越具体，我们提供的以行动为导向的反馈越具体，学生就越能理解有效反馈的概念（参见表9.4）。

表9.4　反馈意见示例

反馈　要做到	反馈　不要做
在回答学生问题时，一定要给出非常具体的答案，为任何需要改进的地方提供策略。例如，与其说“你的引言部分需要改进”，不如考虑说“你的引言部分有一个很好的论点，但是你需要构建更多的上下文来吸引读者。看看你在情境构建课上做的笔记吧”。在构建由学生设计的学习体验时也是如此：要求学生在设计这些作业时了解其中的原因，并要求他们清楚地表达出来。	**不要让学生问某事是否是“好的”**。这是一个很难回答的问题。你可以换一个角度，告诉学生多问有针对性的问题，这样你就能理解他们真正想问的是什么。教他们问得更具体一些。例如，如果一个学生告诉你一个有关作业的想法，并说：“这样是好的吗？”你可能会说：“你到底想让我评论什么？方向？任务本身？你认为哪种反馈最有效？”始终试着和学生们一起梳理，这样他们就能理解你所问问题的要点。他们需要自己做决定。

（续表）

反馈　要做到	反馈　不要做
要鼓励学生在向教师求助之前先去求助同学。教师不可能是教室里唯一能给出反馈的人。教师一天中没有足够的时间。因此，建立一种让学生知道如何提供优秀反馈的文化是必要的。	**不要替学生做他们该做的事**。给出反馈时，不要在学生还没有独立更正的情况下直接给他纠正。只简单地纠正一个答案或一个句子肯定很容易，但学生从你为他们做的事情中学不到任何东西。
要做学生的读者/听众，而不仅仅是教师。试着从这个角度来看待他们的作品，这样你就可以提出明确的问题，引导学生填补空白并找到答案。让学生成为学习者。有些学生可能需要你引导他们找到学习资源，你可以在学习过程中提供这些资源。	**不要一下子就把所有“错”的地方都标出来**。关注你的反馈。尽量不要让学生一下子被太多东西压倒。在任何时候，只给学生安排1—3件事情，让他们集中精力去做。这样，他们便有机会以一种他们能承受的方式一步一个脚印地成长。
用多种方式交流反馈。有很多很棒的应用程序可以让反馈变得更容易。通过各种各样的方式，学生们听到的反馈越多，他们就会越熟练地利用这些反馈。尝试使用Voxer对讲机等应用程序进行语音反馈。当你有重要的反馈要分享，但不能面对面提供时，语音会有很大的帮助。比起文字反馈，他们能从你的声音里听到自己无法理解的细微差别。	**不要虚夸**。即使当学习中需要真实的赞誉，作出表扬时也请具体一些。告诉学生什么有效，更重要的是为什么有效，这样他们就可以复制它。每一次反馈都应该是一个持续成长的机会，即使学生已经完全掌握了学习内容。这也是一个制订新目标的好机会。也许这位学生可以成为那些仍在培养技能的学生的好帮手。

最终，我们为学生提供的反馈为他们互相提供反馈奠定了基础，并且帮助他们预测在学习方面的进步情况。反馈和学习交流的质量越高，取得实质性进步和自我效能感的可能性就越大。

促进班级反思性文化

反思是终身学习最重要的部分之一，并不是每个人都能自然而然地进行反思。为了促进一种反思文化的实践，我们必须在课堂上腾出时间，让学生探索哪些有效，哪些无效，以及哪里还需要练习以不断提高。

反思可以从一张小小的课堂反馈条开始，探究在课堂上或在项目中所学的知识，以及确定在此过程中出现的任何错误概念或挑战。下课后，与学生一起写下所学的知识和将作出调整的内容，教师以身作则，为学生建立这种行为模式。例如，在掌握了一段时期内课程的状况，并与学生进行小组对话后，我可能会发现，有一个概念我教得没那么好。也许有一两个学生学得很好，在和他们以及那些没学好的学生讨论了之后，我建议我们第二天“重来一遍”。我们会收集更多资源，我也会向那些已经理解这一概念的学生寻求帮助，以确保其他人在第二次学习时能学会。

反思的灵活本质有助于教师和学生思考自己的个人成长。在我们持续培养基础技能的同时，这种成长将助推未来的学习。反思本身是一项基本技能，也是一种在课堂上需要经常教授和练习的关键技能。我们下放给学生的控制权越多，他们就越能参与到学习过程中，他们就越需要思考自己的学习，并以不同的方式对之作出反馈。学习充满了细微的差别，因为我们不知道学生们的脑子里在想什么，反思便提供了一扇窗，让我们看到那些看不到的东西。

学习充满了细微的差别，因为我们不知道学生们的脑子里在想什么，反思便提供了一扇窗，让我们看到那些看不到的东西

我们经常会遇到一些学生并不像我们所希望的那样积极参与。鼓励这

些学生分享他们的想法，不管是以书面的、视频的，还是音频的形式。这样，即使他们还没有完成全部的作业，也给了他们展示自己所知道的东西的机会。我们必须在这个过程中抓住学生，帮助他们记录他们的学习情况。这样，在评估他们知道什么和能做什么的时候，我们就有足够的证据来支持我们对他们掌握水平的理解。

创新评估，倾听学生的心声，让学生对学习的方方面面拥有主动权，可以更好地为年轻人成长为具有批判性思维的成年人做好准备。学生将能够在没有具体指导的情况下应对各种情况，并能够更轻松、更有创造性地找到解决方案。为了我们的学生，我们有责任让他们把未知的学习领域带到台前。让我们给学生以挑战，让他们超越单纯的理解活动，鞭策他们直接着手进行创造和生产。

第10条

打造创新型课堂

柯克·汉弗莱斯

很多时候，当提到数学课堂时，我们会想到教室里坐满了学生，他们目视前方，听教师讲解当天的课程。如果时间允许，教师会让学生做布置的练习。任何在下课前没有完成的练习都会成为家庭作业。学生们在家里做那些和教师上课时讲的差不多的题目。有时学生们在家里做作业十分吃力，要么完不成，要么向朋友或家人寻求答案。通常学生要等到第二天上课，才能对作业中不理解的问题提问。这种模式在整个学年中不断重复。数学成了许多学生的难题。

我也沿用这个模式10多年了。用这种传统的方法教书，是因为我对其他方法一无所知。在我求学的生涯里，传统的教学模式似乎对我很有效。因此，我用同样的方法授课。这种学习模式对我很有用。至少我认为是如此。直到有一天，我意识到了问题：我浪费了多少课堂时间来回答问题？我经常在刚上课时为学生讲解其家庭作业中不懂的问题。这真是浪费时间，尤其是我一共只有42分钟的教学时间。而花15分钟以上的时间来讲解问题时有发生。花这么多时间在讲解家庭作业上意味着我一天讲新课的时间变得更少了。我知道我的时间没有得到最充分的利用。

几周前，我在“翻转课堂”上观看了一段乔恩·伯格曼（Jon Begmann）和亚伦·萨姆斯（Aaron Sams）的视频。翻转课堂是一种教学策略，在课堂之外提供教学内容（通常是在线的），然后在课堂上练习课堂外学到的内容，从而颠覆传统的学习环境。在第二学期即将开始前，我决定彻底改变我的课堂，实施翻转课堂的策略。我给学生家长发了一封电子邮件通知他们我的决定。那是一次巨大的成功。随后的几年里，我的教学方法不断改变，我的课堂也变成了今天的样子。虽然翻转模式让我得以创新课堂，但并不是视频让我的课堂变得更有效率。使之变得更加高效的，是现在我与学生们在一起的时间，让学生们参与到课堂环境中，让他们掌握学习的主导权。

在过去的几年里，我尝试了很多方法，把主导权让渡给我的学生。我和我的学生们尝试了不同的方法，并且在尝试的过程中做出了改变。不仅学生们在尝试不同的学习方法，我也在为他们树立成功和失败的榜样，他们可以看到教师也在尝试新事物，而且不惧失败。我经常告诉学生，我们要不断地去尝试一些新的东西。我总是邀请学生提供反馈，然后根据反馈做出改变，尽我所能让其获得最大的成功。

当你在自己的课堂上做出改变时，不要害怕失败。要认识到，改变是需要时间的。本章所阐述的建议和想法，都是总结我多年来在课堂上做出的改变之后得出的。下面介绍了所有在传统数学课堂上发生了重大改变的领域。

为学生预设多样化的学习节奏

在传统的数学课堂上，教师们通常一天讲一堂新课。这些数学教师希望一天上一节课，跟随教学材料前行。让我们重新思考如何利用课堂时间和学生们选择的上课节奏，让数学课堂更加灵活。

学生们学习材料的速度是不同的。在我的翻转课堂里，学生们在家接受指导。在课堂上，学生有时间研究和练习这些概念。整个单元都提前布置好，这样学生就可以选择适合自己的节奏学习。给学生设定一个完成单元学习和评估的截止日期。学生们据此计划好自己的时间，决定什么时候在家看录像，什么时候在课堂上做练习和活动。在同一堂课上，学生可能在学习单元里不同的知识点。让学生决定自己的节奏，充分利用时间来理解所学的概念，而不必等待其他尚未掌握内容的同学。

节奏上的差异也让学生能够围绕各自的时间表制订学习计划。它为学生的学习提供了选择权。学生有机会为自己安排学习他们认为合适的单元。此外，如果学生缺课，这种方法会让他们有时间赶上课堂上所学材料的内容，因为没有一个全班的课程进度需要他们跟上。全班多样化学习的节奏既为成绩好的学生提供了便利，也为成绩差的学生提供了便利。成绩差的学生没有去“跟上”成绩好的学生的学习进度的压力，成绩好的学生也不必等待或放慢脚步。虽然为学生设置了完成本单元学习的截止日期，但是这个日期是不固定的，并且如果学生需要更多或更少的时间，那么该截止日期也常常根据其进度作出调整。当学生准备好时，他们可以选择何时参加评估。通常，有相当多的学生在规定的截止日期前就完成了这一单元的学习。

典型的数学课程通常一天上一课，这是我们大多数人在学生时代都有的“一天一课”的体验。一天上一节课，留家庭作业，在家里完成。第二天，你就该学习另一课了。作为一名教师，我们能做的最简单的改变之一——对许多人来说似乎相当困难——就是消除每天一节课的心态。改变每天上一节课的做法很容易，但同时这也非常困难，因为作为教师我们经常束缚自己的手脚。我们会找借口解释这种改变为什么不会起作用，或者假设如果我们真的这样做了，将无法覆盖所有要教的材料。但是，当我们取消一天一课的教学时，我们就给了孩子们一个在需要的时间内学习材料的机会。下课前不要急于把课赶完。如果这节课还没讲完，第二天可以继续讲。没有必要为了在下课前讲完一节课而匆忙讲授。如果一节课需要两三天才能完成，没关系。留出讲授概念所需的时间，而不是试图将课程安排在某个时间段内。此外，如果一节课花了一天多一点的时间，并且要到次日中途才能讲完，那么就在剩下的课堂时间开讲下一课，或者开展一项可能导入下一节课内容的活动。

回归学习本身创新评估方式

人们通常认为数学课的评估是在单元学习结束时给学生进行的书面测试。虽然这种类型的评估是很好的评估学生学习的工具，但也有其他工具供学生选择来证明他们对学习内容已经理解。不论采用哪种好的评估方式，学生都应该在开启每单元的学习之前知道我们对他们的标准或期望。这使学生能够获取所学主题的相关知识，以及在本单元结束时他们需要达到的要求。

验证学生是否掌握知识最简单的一个方法就是给他们各单元的标准，并要求他们证明自己掌握了。这样他们就可以对如何证明自己已经掌握了该内容拥有自主权。期望应始终以评估准则或其他文件的形式提供给学生，以便他们清楚了解如何达到本单元的标准或期望。为了证明自己的能力，学生们必须知道对他们的期望是什么。例如，7年级的数学课程标准规定："在一个多步骤的问题中，用补充角、互补角、垂直角和相邻角，写出并求解图中未知角的简单方程式。"如果学生被要求证明自己达到这个标准，他们可以选择任何方法来证明。不论是做演示，讲示例，播放影片，还是采用其他方法，学生都有权利选择自己怎样证明他们已经掌握了这一知识。学生们可以花几天时间在课堂上研究这个问题。重要的是，学生要经常提交给教师看，这样才能获得反馈。获得反馈后，学生便可以修改并重新提交。这应是一个持续的循环，直到师生都认可学生们已经掌握了这一知识。这是一种更加有力、更加严谨的评估学生的方式。

评估学生的另一种方法是与他们进行简单的交流。花几分钟时间和一个孩子坐在一起，让他向你证明一个概念，就可以评估出他解决该问题的能力。正式的评估不一定总是用来考核学生的学习进度。例如，教师可以要求学生向同学证明一个概念，与此同时评估他们的创造能力、解题能力和向别人解释概念的能力。考察学生的对话、反馈和应用能力是评估学生的有效途径。

最后，在如今的数学课堂上，应该鼓励学生重新评估，以证明对学习内容的理解。重新评估不应过于冗长、过于耗时或过于正式，可以通过多种方式开展。这样，学生可以得到一个独一无二的与自身相符的评价。学生不必完成完整的全新评估；相反，他们可以列举一

> 借着重新评估，你将重点放在了学习上。如果一个孩子在对之前的内容缺乏理解的情况下继续学习新的内容，这对他/她本人或教师都没有好处。

些感到困难的例子。例如，如果一个学生难以证明毕达哥拉斯定理的逆定理，教师可以要求该生向大家证明他对这个知识点掌握的程度。让他证明毕达哥拉斯定理的逆定理，并给出支持其论证的例子。通过让学生做这项工作，要求其进行口头解释，可以了解学生是否达到了标准或期望。借着重新评估，你将重点放在了学习上。如果一个孩子在对之前的内容缺乏理解的情况下继续学习新的内容，这对他/她本人或教师都没有好处。

非必要布置家庭作业

作业通常是数学课堂的一个关键要素。内容多少以及如何评分通常取决于教师个人或教师团队。多年来，我一直忙于批改作业。我同样十分赞成布置家庭作业，但要让学生们尽心尽力地完成作业，对我来说一直是一件费劲的事。作业收上来、打好分数、及时录入成绩，都是很大的负担。后来，不可思议的事情发生了。我完全停止了收改作业这项工作。虽然我还会布置作业，但现在的作业只是一种练习，一种形成性作业。现在，这项工作的焦点已不再是收改作业，而是给形成性作业提供反馈。

在我停止收改形成性作业的第三年，在我提出要求时，学生们仍然会完成这项任务，因为他们认为这对学习是必要的。过去，学生做作业是出于服从。当作业不再打分时，学生就不会匆匆写下答案或抄别人的作业而草草了事，也不会因每个答案都不正确而受到惩罚。很多时候学生不能完成指定的作业，是因为他们理解得不够扎实，害怕得到不及格的分数。当你不再打分后，学生可以做错每道习题也免遭惩罚。知道了这一点，并得到教师的反馈，学生便可以提高并校准他们对学习内容的理解。作为教师，我们可以重新定位努力的方向，在形成性学习进程中为学生提供及时准确的反馈，而不是在收改形成性作业上花费精力。

教师们经常纠结于家庭作业的完成率。虽然有许多不同的方法来提高作业的完成率，但这一问题很少能得到真正的改善，因为完成作业的核心动力是服从，而不是学习本身。一旦把重点放在学习本身而不是服从上，看待作业的侧重点就会发生改变。

留作业的目的是以形成性作业的形式给学生布置额外的练习。然而，形成性作业并不一定要布置成家庭作业。有很多方法可以让学生做练习，并不需要以家庭作业的形式。课堂活动，包括探索活动，是学生参与的关键。在引入概念时，为学生提供自主学习的机会，并对概念有自己的想法。例如，学生正在学习斜率截距的表达式，与其直接讲解$y=mx+b$的内涵，不如让学生列一个等式并练习作图，促使他们探索m和b的作用，产生自己的想法。学生们还可以使用绘图软件输入不同值的m和b进行绘制，在正式上课前就对方程的原理有所了解。更有效的办法是让学生们分组合作，互相交流想法。在活动结束的时候，学生可以向全班展示他们的发现。然后全班同学可以作为一个整体一起学习，得出最终的想法。活动结束，学生给出最终的想法，教师随后就可以给学生上课了。通过探索发现活动引入概念，在上课之前，学生便会更好地理解它是如何运作的，以及该如何解释这个概念。

数学教师所能做到的最厉害的事情之一就是让学生们在正式讲授之前就先发现概念。通常数学教师从教授一个学生不熟悉的概念开始授课，学生没有机会接触到这一概念。通过让学生与这个概念玩耍，他们能够与之互动。这样，即使他们不完全理解，他们也会学到一些知识，当教师解释这一概念时，这些知识将帮助他们与新的概念建立联系。

例如，如果学生开始学习函数的变换，可以给他们一个他们从未见过的多个函数的列表（二次函数、指数函数等），并要求他们回答一个问题："字母a、b、h和k是如何影响方程的？"学生可以得到所有方程的母函数，每个方程都有a、b、h和k。允许学生输入这些变量的值，并用绘图计算器或软件绘制结果得出结论。在一天或更长的时间里，学生们可能在研究这些概念，而教师则四处走动，一边问问题，一边督促他们进行进一步的调查研究。活动结束时，学生展示他们的发现，并以班级为整体，对最初的提示给出一个最终的答案。完成后，教师就可以开始正式上课了。在教师授课之前，学生通过探索取得了对概念的洞察力，并对这个概念有了一个坚实的理解。这不仅有助于学生更好地理解概念，而且还使他们有机会与他人合作，得出结论并掌握所学知识。

给学生选择，让学生翻转课堂

学习这件事每天都在数学课堂中进行。还有什么比让学生对学习的各个方面进行选择更好的方法来提高学生的成绩呢？学生是正在学习的人；因此，他们应该对自己的学习有所掌控。学生可以在课堂的众多不同方面做出自己的选择。从教室的布置到评估模式，学生做选择可以提高成绩。在课堂上给学生选择的机会时，应从小处做起。通过慢慢地实施学生做选择的策略，你可以测试某些技巧或实践，看看它是否在你的教室里有效。改变需要时间，留出时间来实施这一改变。

物理环境应该可以成为学生做出选择的一个方面，这样学生会拥有自己的空间，其成绩也得以提高。虽然有时可能需要一张座位表，但让学生坐在自己选择的位置上，为学生提供了与他人合作的机会。在实体教室里给学生自由是令人不安的，但是，有了明确的期望，你可以为学生建立一个协作且相互尊重的环境。如果教室环境条件允许，也可以让学生移动课桌或讲桌。通常来讲，学生们不仅会选择他们想和谁一起学习，还会选择他们想坐在哪里。有些学生可能选择坐在地板上，有些学生可能选择站着。允许学生灵活地选择就坐的位置，为他们提供了一个在最舒适的空间里学习的机会。如果学生选择的空间不适合他们，鼓励他们去找一个最适合他们学习的空间，而不是告诉他们不能在他们选择的地方学习。通常，几句提醒便可让学生找到适合自己学习的最佳空间。

学生亦可在评估时做出选择。在传统的数学课堂上，学生同时参加考试。让学生在自己做好准备的时候参加评估，相当于你给了他们一个更好地准备评估的机会。课堂评估的日期仍旧可以给出，但允许学生在选择自己准备好参与测评时间时有一定的灵活性，这将为学生提供更好的学习效果。许多学生的学习进度可能比课堂进度快，但如果他们等着和其他人在同一天进行评估，他们就无法继续学习新内容。让这些学生提前参加评估，他们可以继续学习，而不必等待其他人。

当学生对等待别人感到无聊时，他们往往会不遵守纪律。此外，让学生多花一两天的时间准备参与评估，你也为他们提供了获得更好成绩的机会。额外给学生几天时间，他们将有更多的时间为评估做准备。如果一个学生到了规定的日期还没有准备好参加考试，那么参加评估对学生和教师都没有好处。让学生选择灵活参与评估的时间，可能需要一些时间来适应，而且在评估时也可能会带来相应的挑战，但是在提高学生成绩方面会有所回报，这值得我们一试。

学生做出选择的另一个方面是让他们在课堂上自主选择自己想要练习的内容。通过翻转课堂，学生可以利用全部课堂时间来学习他们选择的内容。学生可以利用上课时间进行练习、参与活动或观看所学内容的视频。

他们可以提前规划，根据需要利用上课时间来学习。在一堂课上，不同小组的学生可能在学习单元内的不同部分。按照这种方式，学生就可以在课堂上做自己选择的事情，并对自己的学习负责。学生们不会被课堂的节奏所束缚，速度较慢的学生如果需要额外的练习，也不必加快学习进度。通过向学生传授这种学习模式（以及对它的期望），团队协作和自我调整学习进度的环境会成为常态。

在翻转课堂上，学生可以通过多种方式来掌握所学内容。让学生理解概念的一种方法是开展课堂教学。这不仅给学生提供了另一种复习的方法，也给教师提供了一个学生是否理解概念的简单印象。随机选择一个学生到黑板前解释所教的概念。这个学生想怎么解释就怎么解释，然后再去叫另一个学生。让学生们互相质疑，自己举例，并纠正对方的错误。在这个过程中，教师完全不进行干预。当学生解释这些概念时，教师就能洞察到哪些概念是学生完全理解的，哪些概念是学生难以理解的。

虽然这一过程可以在翻转课堂上进行，但它适用于任何学生解释先前所教概念的课堂。教师在任何时候都可以叫学生到黑板前去解释某个概念。它是一个必须在学年开始时就教授的模式。一旦学生实践了这种方法并了解了期望，它就成为了课堂的一部分，为学生和教师提供了形成性的评估，以指导课堂教学或更多实践的需要。由学生主导的课堂模式让学生对自己的学习有主导权，这会展示出学生对所学知识的理解程度。这是将主导权移交给学生的一种有力方法。

开展小组协作学习

必须允许学生每天在数学课堂上协作学习。协作使学生有能力向他人描述他们的数学处理过程。这不仅加强了学生本人对这种方法的理解，也帮助了其他可能没有用该方法解决数学问题的学生。在数学中，学习大多数概念有多种方法。通过让学生一起学习，你就给了他们一个平台，让他们向彼此学习不同的解题方法。

例如，在学习方程组时，一个学生可能用代入法求解方程组，而另一个学生可能用消元法。教师可以鼓励学生解释为什么选择他们所使用的方法来解题。此外，如果其中一个学生解题方法错了，他们可以共同努力找到正确的解决方法。协作的力量给了学生解释自己数学思维的话语权。

然而，协作不仅仅是为了得到正确的答案而共同努力。协作也可以意味着创造一些东西来证明对某一概念的理解。在几何课上，学生可以结对写出符合特定标准的几何证明。学生们可以一起努力来写下一个解题证明，例如运用三角形相似性的定理。在这个证明中，学生还可以大量使用其他定理、定义或假设来证明自己对它的理解。学生们共同努力创造一个最终结果。这一最终结果可以作为形成性评价来指导教学。教师可能会让学生们向其他同学或家长展示他们的学习成果。

协作不仅仅是为了得到正确的答案而共同努力。协作也可以意味着创造一些东西来证明对某一概念的理解。

当学生们学习绘图的各个知识点，例如绘制线性方程或变换时，我常使用绳子。学生小组利用纸胶带在地板上创建一个坐标网格。如果学生正在学习绘制线性方程，我可能会要求每组创建一个斜率为-3、y截距为7的方程。一旦他们成功地以自己为点，用绳子来表示这条线，我就会要求他们创建一条与之垂直的线。在整个过程中，我要求学生解释他们是如何知道的，或者他们做了什么来确定答案。学生们不仅要合作得出一个最终结果，而且还要表达他们对概念的理解。这也让教师知道哪些学生可能需要更多的练习，因为这些学习内容对他们来说还有些艰难。想一想，你还可以用哪些不同的方式利用学校的空间帮助学生与数学概念进行互动。

学会放手

从我个人的经验来看，有时你很难放下你一直以来所做的事情。作为教师，我们可以按照自己的方式行事，在自己的课堂上接受改变是相当具有挑战性的。我本人是我改变自己课堂学习面貌的最大障碍。我喜欢让我的学生们保持安静，目视前方，一排一排坐好。在过去的十多年里，我的课堂一直如此。每当有人向我提出一个新想法或尝试某事的新方法时，我总是告诉自己这在我的课堂上是行不通的。为自己的课堂找借口很容易。如果你在寻找有意义的、积极的改变，那就放下你在课堂上所做的一切，重新审视你教学的方方面面。你是你自己最大的障碍。秉承开放的心态，保持开放的态度，你可以改变你的课堂，从而更好地为你的学生服务。

放下教室里所有被认为是理所当然的东西，重新思考你所做的一切。想想你想要的结果和你的问题所在。你想从哪里开始？从小事做起，持之以恒，以开放的心态面对改变。对学生诚实，让他们知道你在做什么，但更重要的是，让他们了解你为什么要这么做。在这个过程中给予他们发言权，让他们给改变提出建议。给他们提供反馈的途径，无论好坏。这不仅让学生在自己的课堂上拥有自主权，还开启了师生之间的对话，进一步强化了师生之间的关系。

展望未来，把学习这件事情本身放在你做的每一次决定的首位。考虑课堂上你想改变的东西和你想要的结果。专注于学习本身，信任你的学生能够成为课堂的引领者，增加学生的主导权和选择权。对变革和期望的学习成果进行构想是成功的关键。从小事做起，改变就会发生，你将创新你的数学课堂，满足学生的需要。给学生话语权，让他们引领变革。

附 录

资料拓展

你可从以下网站了解部分作者的信息：

jeffreyzoul@blogspot.com

thomascmurray.com

更多了解拉沃娜·罗斯的Ignite Your S.H.I.N.E.项目，访问地址：igniteyourshine.com

VIA性格调查研究所访问地址：www.viacharacter.org/survey/account/register

DISC人格评估访问地址：www.123test/com/disc-personality-test/

更多地了解日常培养感恩态度，访问地址：www.intelligentchange.com/pages/our-story

更多地了解自由作家基金会：http://www.freedomwritersfoundation.org/about/

更多地了解“智慧之语”（Words of wisdom）栏目，访问地址：www.projectwisdom.com

继续阅读书单

托德·威特克尔，玛德琳·威特克尔，凯瑟琳·威特克尔.《你的第一年：新教师如何生存和发展》[M].顿小慧，韩小宁，刘白玉译. 北京：中国青年出版社，2018：135-140.

托马斯·C·默里.《真实性学习：如何设计体验式、情境式、主动式的学习课堂》[M]. 彭相珍译. 北京：中国青年出版社，2021.

Agogi E. “Augmented reality in education.” Proceedings: “Science Center To Go” Workshops[M]. Athens: Greece, 2011.

Barrett P, Zhang Y, Davies F, Barrett L. et al. Clever Classrooms: Summary Report of the HEAD Project (Holistic Evidence and Design). [EB/OL]. [2021-08-20].www.salford. ac.uk/cleverclassrooms/1503-Salford-Uni-Report-DIGITAL.pdf.

Boss S. Brining Innovation to School: Empowering Students to Thrive in a Changing World[M]. Bloomington, IN: Solution Tree Press, 2012.

Carter D L, White M E. Leading Schools in Disruptive Times: How to Survive Hyper-Change[M]. Thousand Oaks, CA: Corwin, 2017.

City E A, Elmore R F, Fiarman S E, Teitel L. Instructional Rounds in Education: A Network Approach to Improving Teaching and Learning [M]. Cambridge, MA: Harvard Education Press, 2014.

DuFour R, Eaker R E. Professional Learning Communities at Work: Best Practices for Enhancing Student Achievement [M]. Moorabbin, Vic: Hawker Brownlow Education, 2009.

Fleming L.The Kickstart Guide to Making Great Makerspaces[M].

Thousand Oaks, CA: Corwin, 2018.

Gruenert S, Whitaker T. School Culture Rewired: How to Define, Assess and Transform It [M]. Alexandria, VA: ASCD, 2015.

Godin S. Linchpin: Are You Indispensable? How to Drive Your Career and Create a Remarkable Future[M]. London: Piatkus, 2018.

Hare R L, Dillon R. The Space: A Guide for Educators[M]. Irvine, CA: EdTechTeam Press, 2016.

Hofstede G. Culture and Organizations: Software for the Mind[M]. New York: McGraw-Hill, 1997.

Ikonn A, Ramdas U J. The Five Minute Journal: A Happier You in 5 Minutes a Day[M]. Toronto: Intelligent Change, 2013.

Kim Y, Edouard K, Alderfer K, Smith B. et al. Making Culture: A National Study of Education Makerspaces. [EB/OL]. [2021-08-20].

http://drexel.edu/excite/engagement/learning-innovation/ making-culture-report/.

Long P. Trends in Learning Space Design. [EB/OL]. [2021-08-20]. www.educause.edu/research-and-publications/(2018)books/learning-spaces/chapter-9-trends-learning-space-design.

Mazza J, Zoul J. Education Write Now [M]. New York: Routledge, 2018.

Rogers E M. Diffusion of Innovations[M]. 5th ed. New York: The Free Press, 2003.

Rose T. The End of Average: How to Succeed in a World that Values Sameness[M]. London: Penguin, 2017.

Schein E. Organizational Culture and Leadership[M]. 2nd ed. San

Francisco, CA: Jossey-Bass, 1992.

Sheninger E, Murray T.Learning Transformed: 8 Keys to Designing Tomorrow's Schools, Today[M]. Alexandria, VA: ASCD, 2017.

Sinek S. Start With Why: How Great Leaders Inspire Everyone to Take Action[M]. New York: Portfolio, 2009.

Whitaker T, Zoul J, Casas J. What Connected Educators Do Differently [M]. New York: Routledge, 2015.

作者简介

1. 托马斯·C.默里（Thomas C. Murray）是华盛顿特区的卓越教育联盟“未来就绪学校”（Future Ready Schools）项目的创新总监。他曾在美国国会作证，并与该机构和美国参议院、白宫、美国教育部、州教育部、公司和学区在全国各地实施以学生为中心的个性化学习，同时帮助引领“未来就绪学校”和“数字学习日”的发展。默里担任例会主题演讲嘉宾，被美国国家学校董事会协会评为“2017年度教育思想领袖”和“20位值得关注的人物”之一，并于2015年被美国艺术与科学院评为“年度教育政策人物”。著有畅销书《重新定义学习：如何设计未来学校与引领未来学习》。

2. 香农·麦克林托克·米勒（Shannon McClintock Miller）目前担任爱荷华州范米特社区学校的K-12图书管理员，并作为“未来就绪图书馆员”（Future Ready Librarians）的发言人，每天与世界各地的学生、图书馆员、教育工作者和其他人一起工作。她是Buncee（一款教育app）的图书馆员顾问、“顶点课程”的图书管理员倡导者、作家和Skype教育者。香

农是“图书馆之声”这一获奖博客的作者，她喜欢为各种博客、期刊和其他论坛撰写文章，包括国际教育技术学会（ISTE）、《学校图书馆期刊》和《出版者周刊》。她在“顶点课程”出版了关于图书馆技巧的儿童书籍，同时还和比尔·巴斯（Bill Bass）一起为国际技术教育协会写了一本关于图书馆领导力的书籍。2014年，香农被评为“图书馆期刊的推动者”。2016年，她被ISTE授予“成就奖”。2018年，她被美国学校图书馆员协会评为“社交媒体超级领导力杰出人物”。

3. 托德·威特克尔（Todd Whitaker）很幸运能够在自己的事业中融入激情。在进入高等教育领域之前，他是密苏里州的一名数学教师和篮球教练。托德已经创作了50多本教学著作，其中包括畅销书《优秀教师的一定要知道的17件事》，以及他与两个女儿凯瑟琳·威特克尔（Katherine Whitaker）和玛德琳·威特克尔（Madeline Whitaker）合著的《你的第一年：新教师如何生存和发展》。托德的妻子贝丝也曾任教师和校长。他们都是密苏里大学的教育领导力教师和印第安纳州立大学的名誉教授。

4. 拉沃娜·罗斯（LaVonna Roth）是“点燃光芒”（Ignite Your

S.H.I.N.E.）项目的“启明灯”、创造者和发起人。拉沃娜向他人发起挑战，提出要探索点燃学生、他人和自我的光芒的方法。她的使命是帮助人们发现自己是谁，可以成为什么样的人，并帮助他们建立自我激励机制，以看看自己能走多远。作为一名精力充沛、充满活力、富有魅力的FUNnote主旨演讲人、学习专家、作家和顾问，拉沃娜将热情投入到拓展教育现状中来，并邀请你加入她的行列来大显身手。她拥有特殊教育学士学位、教育文学硕士学位和教育领导力硕士学位，在中小学任教，著有8本书。她曾在美国、加拿大、欧洲、南美洲和中东地区发表过关于提高参与度和学习乐趣因素的演讲。

5. 杰弗里·佐尔（Jeffrey Zoul）是一位终身教师、学习者和领导者。在杰弗里卓越的教育生涯中，他曾担任过各种职务，现任伊利诺伊州迪尔菲尔德市109学区分管教学的助理督学。进入学校管理部门之前，杰弗里在佐治亚州担任教师和教练多年。杰弗里还教授研究生课程，包括评估、研究和项目评价。他是许多书籍的作者/合著者，包括《“互联网+”时代，如何做一名成长型教师》《每一位教师都是领导者：重新定义教学领导力》等。杰弗里是“联结教育”的总裁，该组织专门从事教育会议、专业学习和咨询辅导。

6. 吉米·卡萨斯（Jimmy Casas）有24年的中学领导经验。他在爱荷

华大学获得西班牙语文学学士学位和教育学硕士学位，在密尔沃基的红衣主教斯特里奇大学获得行政领导硕士学位。吉米在德雷克大学获得了督学认证，在那里担任兼职教授，教授一门关于教育领导力的研究生课程。吉米在爱荷华州贝滕多夫高中担任校长14年。在对所有学生和教职工都积极的学校文化中，他对教与学展现出十足的热情，加上发展领袖社区的愿景，营造出追求卓越和高标准学习的氛围。在他的领导下，贝滕多夫三次被《新闻周刊》和《美国新闻与世界报道》评为全美"最佳高中"之一。吉米的核心追求在于为他人服务。他继续通过在地方、州和国家层面以及全国各地的学区演讲和展示的方式来回馈自己的职业。

7. 卡特里娜·基恩（Katrina Keene）是一位国际演说家，在过去

的18年里一直在K-12+技术教育领域工作。目前，卡特里娜是美国中部奇幻工坊（Wonder Workshop）教育部门的高级战略外联经理。在此之前，卡特里娜曾是CDWG的教育策略师、技术总监、教学技术教练、K-5计算机教师和大学教授。而且，她还是3年级、1年级和幼儿园教师。卡特里娜喜欢通过Twitter、Instagram、Facebook、Periscope等社交媒体平台与教育工作者保持联系，她很高兴能将她的专业

知识和研究成果带到全美数千所学校。卡特里娜是微软创新教育者专家（MIEExpert），是Remind平台上保持联络的教育者，还是话题#tntechchat和#edcampleadtn的发起人。在一些著名的“全球教育科技”出版物、博客和播客中，你都能发现她的身影。

8. 德怀特·卡特（Dwight Carter）是俄亥俄州哥伦布地区一位屡获殊荣的校长。他一如既往地致力于与有关各方建立积极的关系，以便为学生提供最大便利。他与人合著了两本书，关于学习空间、了解当今学生以及如何在颠覆性时代里领导学校。最近他开始了新的职业生涯，即担任领导力和效能教练，帮助学校领导和教师提高效率和效益。他还在一些地方、州和全国性的会议上介绍了学校领导力、校园文化氛围、了解当今学生，以及如何让所有利益相关者参与学校社区的内容。

9. 斯塔尔·萨克斯坦（Starr Sackstein）自2001年以来一直是一名教育家，目前是西亨普斯特德联合自由学区的人文学科主任。斯塔尔于2012年获得了美国国家委员会认证，并在当年被《教育更新》评为杰出的教育工作者。她也是通过美国新闻传媒教育协会（JEA）认证的新闻教育硕士，并在纽约州担任JEA主任。最近，她被评为2016年度美国督导与课程开发协会“新兴领袖”，并有机会在TEDx上做了一个名为“恢复中的完美主义者放弃成绩之路”（*A Recovering Perfectionist's Journey To Give Up Grades*）的演讲。她的著作有《如何引导学生自我评估：帮助学生反思并成长为学习者》等。她在“教师教育周”上发表一篇名为《工作中的作品》（*Work in Progress*）的博客，与他人联合主持话题#sunchat，并为#NYedChat撰稿。

10. 柯克·汉弗莱斯（Kirk Humphryes）是伊利诺伊州迪尔菲尔德

卡鲁索中学的一名TAP（教师作为合作伙伴的）数学教师。作为一名教育家，柯克以自己是一名创新者而自豪，他不断地改造数学课堂。他曾多次获奖，包括“2011年伊利诺伊州空军协会年度教师奖”和“2015年伊利诺伊州第十届地区杰出教育者领导奖”，他还是一名派遣特级教师。

为什么学生不喜欢上学?

认知心理学家解开大脑学习的运作结构，
如何更有效地学习与思考

作者简介

1983年，丹尼尔·T. 威林厄姆于杜克大学获得心理学本科学位；1990年，他获得哈佛大学认知心理学博士学位；从1992年至今，他在美国弗吉尼亚大学担任心理学教授。其研究主要关注以大脑为基础的学习和记忆，主要围绕认知心理学在基础教育方面的应用。

作　者：[美] 丹尼尔·T. 威林厄姆
出版社：中国青年出版社
ISBN　：978-7-5153-6708-8
定　价：59.90元

内容简介

本书作者以多种方式对认知科学进行了专业检验，将这些知识与教学实践活动结合起来，对如何学习和思考做出了清晰的解释，为教育工作者和决策者提供了强有力的蓝图。你将从本书中了解到认知心理学如何影响与促进学习和教学，认识到故事、情感、记忆、背景知识练习在构建知识和创造持久学习经验中的重要性，并据此给出了教育工作者提高学生的学习能力与精进自身教学技艺的方法建议。

- 中国教育学会副会长李希贵特别推荐，新教育实验发起人朱永新作序推荐
- 掌握学习的关键，构建科学的学习体系：

  记忆是思考的残留物

  思考能力取决于掌握的事实性知识

  原来学习知识也有“复利效应”

  利用分块记忆，突破工作记忆的有限空间

  长期记忆为何需要超量学习和间隔效应

  拒绝反复练习，就不可能精通任何脑力工作

  重塑智能需要持续努力

  技术并没有改变当代人的思考方式

  ……